本书得到国家自然科学基金面上项目(71772084)资助

国家审计治理效应实证研究

Empirical Research on Governance Effect of National Audit

王 兵　朱晓文 ◎ 著

图书在版编目（CIP）数据

国家审计治理效应实证研究／王兵，朱晓文著. —北京：经济管理出版社，2018.12
ISBN 978-7-5096-6171-0

Ⅰ.①国… Ⅱ.①王… ②朱… Ⅲ.①国有企业—上市公司—审计—研究—中国 Ⅳ.①F239.22

中国版本图书馆 CIP 数据核字（2018）第 294038 号

组稿编辑：杨雅琳
责任编辑：杨雅琳　耿景珂
责任印制：黄章平
责任校对：王淑卿

出版发行：经济管理出版社
　　　　　（北京市海淀区北蜂窝 8 号中雅大厦 A 座 11 层　100038）
网　　址：www.E-mp.com.cn
电　　话：（010）51915602
印　　刷：三河市延风印装有限公司
经　　销：新华书店
开　　本：720mm×1000mm /16
印　　张：9.75
字　　数：129 千字
版　　次：2018 年 12 月第 1 版　2018 年 12 月第 1 次印刷
书　　号：ISBN 978-7-5096-6171-0
定　　价：48.00 元

·版权所有　翻印必究·

凡购本社图书，如有印装错误，由本社读者服务部负责调换。
联系地址：北京阜外月坛北小街 2 号
电话：（010）68022974　邮编：100836

序 言

近年来,中共中央和国务院接连发布重大改革文件,不断强化国家审计监督的地位和作用。尤其在《关于全面推进依法治国若干重大问题的决定》和《关于深化国有企业改革的指导意见》中,明确指出要健全国有资本审计监督体系和制度,实行企业国有资产审计监督全覆盖,国家审计在国有企业监督中的重要性得到进一步强化。

国有企业是中国特色社会主义的物质基础,是国民经济发展的中坚力量。其中,中央企业(以下简称央企)作为国有企业的重要组成部分,在关系国家安全和国民经济命脉的关键行业和领域占据支配地位。围绕着国有企业改革,2015年8月,中共中央、国务院在《关于深化国有企业改革的指导意见》中,多次提及国家审计在国有企业改革中的作用,指出要"明确监事会、审计、纪检监察、巡视以及法律、财务等部门的监督职责,完善监督制度,增强制度执行力","健全与激励机制相对称的经济责任审计","健全国有资本审计监督体系和制度,实行企业国有资产审计监督全覆盖,建立对企业国有资本的经常性审计制度"。

根据审计法和相关规定,审计署企业司承担着审计中央国有企业和国务院规定的中央国有资本占控股或主导地位企业的资产、负债、损益的职责。国家审计通过审计监督方式,可对国有企业管理层行为形成影响或制约,这些因素将可能影响到国有企业的会计信息质量、内部控制和投资效率等方面。同时，审计监督还可能进一步影响到国有企业关联方的行为，包括对公司股东和会计师事务所等的影响。因此，系统梳理国家审计与国有企业关系，能从理论上和经验证据上回答国家审计之于国有企业的不同路径和作用的问题。本书基于审计署官网公布的央企审计结果公告，对国家审计的治理效应进行系统研究。

首先，通过对2010~2017年审计署审计结果公告的统计分析，归纳被审计央企的基本特征，分析央企近年来存在的主要问题，提出改善央企审计的建议。其次，分章节讨论国家审计对央企控股上市公司的会计信息质量（会计稳健性）、投资效率（过度投资）和内部控制的影响。通过研究发现，国家审计能够显著改进央企控股上市公司财务报告的稳健性，抑制过度投资行为，改善内部控制质量。最后，本书考察了审计署对央企的审计检查是否会影响央企下属上市公司所聘的注册会计师的审计质量和审计收费。按照会计师事务所规模分组回归的结果表明，国家审计提高的主要是小所①审计公司的审计质量和审计收费，表现为小所审计公司的财务报告稳健性提高，过度投资行为受到抑制、内部控制得到改善、小所的社会审计收费提高。

本书的贡献之处在于：①丰富了国家审计的实证研究成果。本书基于审计署审计结果公告，分析了央企近年来存在的主要问题，综合关注了国家审计对央企会计稳健性、投资行为和内部控制的影响，并分析了审计署审计检查对注册会计师审计行为的间接影响，较为完整地检验了国家审计的央企治理效应，也充分验证了要加强国家审计对央企审计监督的必要性。②证明了审计署审计监督的有效性。审计部门对央企进行国家审计能够更好地发挥审计"免疫系统"的功能，及时揭露央企经济运行中存在的重大问题和重大风险，保障和促进国家政策方针落到实处，防止国有资产流失，提高央企的治理效率。

---

① "小所"指非"四大"所。

目 录

第一章 导论 ... 1

第一节 研究背景与研究意义 ... 3
一、研究背景 ... 3
二、研究意义 ... 7

第二节 研究内容和框架 ... 10

第三节 文献回顾与相关理论 ... 11
一、文献回顾 ... 11
二、相关理论 ... 23

第四节 研究中的创新与不足 ... 26
一、创新 ... 26
二、不足 ... 27

第二章 国家审计与央企治理 ... 29

第一节 被审计央企基本情况分析 ... 31
一、每年被审计央企的数量情况 ... 32
二、被审计央企涉及领域情况 ... 33
三、被审计央企的财务状况和经营成果 ... 33

四、被审计央企的子公司、参股公司以及审计
　　　　　占比情况 …………………………………………… 34
　第二节　国家审计发现的主要问题 ……………………… 35
　　　一、财务管理与会计核算问题 …………………………… 36
　　　二、执行国家重大决策问题 ……………………………… 38
　　　三、重大决策和内部管理问题 …………………………… 39
　　　四、八项规定与廉洁自律情况 …………………………… 39
　第三节　国家审计监督的治理效果 ……………………… 40
　第四节　完善央企审计的建议 …………………………… 41

第三章　国家审计与财务报表稳健性 …………………… 43
　第一节　研究概述 ………………………………………… 45
　第二节　理论分析与研究假设 …………………………… 48
　第三节　数据来源与研究设计 …………………………… 50
　　　一、数据来源 ……………………………………………… 50
　　　二、研究设计 ……………………………………………… 52
　第四节　实证结果 ………………………………………… 58
　　　一、单变量分析 …………………………………………… 58
　　　二、回归分析 ……………………………………………… 62
　　　三、稳健性检验 …………………………………………… 65
　第五节　研究结论 ………………………………………… 72

第四章　国家审计与企业投资 …………………………… 75
　第一节　研究概述 ………………………………………… 77
　第二节　制度背景和文献回顾 …………………………… 78

一、制度背景 …… 78
　　　二、文献回顾 …… 79
　第三节　理论分析和研究假设 …… 80
　第四节　数据来源与研究设计 …… 82
　　　一、数据来源 …… 82
　　　二、变量定义 …… 82
　　　三、检验模型 …… 83
　第五节　实证结果 …… 85
　　　一、单变量分析 …… 85
　　　二、回归分析 …… 86
　　　三、稳健性检验 …… 90
　第六节　研究结论 …… 94

第五章　国家审计与内部控制 …… 95

　第一节　研究概述 …… 97
　第二节　文献回顾 …… 98
　第三节　理论分析和研究假设 …… 100
　第四节　数据来源与研究设计 …… 102
　　　一、数据来源 …… 102
　　　二、检验模型 …… 103
　第五节　实证结果 …… 104
　　　一、单变量分析 …… 104
　　　二、回归分析 …… 106
　　　三、稳健性检验 …… 108
　第六节　研究结论 …… 109

第六章 国家审计与会计师事务所行为研究 …… 111

第一节 研究概述 …… 113
第二节 制度背景 …… 116
第三节 理论分析与研究假设 …… 116
第四节 实证分析 …… 119
一、回归分析 …… 119
二、稳健性检验 …… 124
第五节 研究结论 …… 127

第七章 总结 …… 129

参考文献 …… 132

第一章

导 论

第一章 导论

第一节　研究背景与研究意义

一、研究背景

近年来,中共中央和国务院接连发布重大改革文件,不断强化国家审计监督的地位和作用。尤其是在《关于全面推进依法治国若干重大问题的决定》和《关于深化国有企业改革的指导意见》中,明确指出要健全国有资本审计监督体系和制度,实行企业国有资产审计监督全覆盖,这进一步强调了国家审计在国有企业监督中的重要性。

国有企业是中国特色社会主义的物质基础,是国民经济发展的中坚力量。中央企业作为"大国重器",虽然数量仅有百余家①,但在国民经济中占有举足轻重的地位。习近平总书记在中央全面深化改革领导小组第四次会议上指出,国有企业,特别是央企,在关系国家安全和国民经济命脉的主要行业和关键领域占据支配地位,是国民经济的重要支柱。

据财政部统计,从央企占国有经济的比重看,截至2016年,央企资产总额达到69.5万亿元,占全部国有企业资产总额的52.8%;总营业收入达27.7万亿元,占全部国有企业的60.3%;总利润1.5万亿元,占全部国有企业的65.9%。从影响国民经济发展的基础产品和服务看,我国90%以上的原油、天然气都是由央企生产的;60%的发电装机量是由央企提供的,其中火电、水电、核电、风电的占比分别高达59%、54%、100%、73%;

---

① 目前,国资委网站公布的央企总数已从百余家缩减至96家。

基础电信服务和大多数增值服务也是由央企提供的。①

党的十八大以来，央企认真贯彻落实党中央、国务院决策部署，解决制约企业发展的体制机制弊端，破除影响效率提升的各种障碍，以提高发展质量和效益为中心，持续深化国有企业改革。②国家不断完善法人治理结构，推动公司制改革和董事会建设：目前监管的 96 家中央企业中，已有 94 家建立了董事会，90%的地方国资委监管企业也建立了董事会；推进国有企业领导人员分类分层管理，改革央企负责人薪酬制度，合理确定并严格规范央企负责人履职待遇和业务支出；推动央企之间的并购整合，提高资源配置效率：目前央企总数已从 2003 年的 189 家缩减至 2018 年的 96 家，减少了重复建设的成本，节约了投资和土地，提高了中国企业的国际竞争力；推动央企加大科技创新投入，建设国家级研发机构和协同创新平台；提倡党风廉政建设，深入推进反腐败工作，对至少 164 名省部级及以上官员进行了廉政调查。同时不断强化国资监管。从 2015 年起，国资委不断出台旨在强化监管的制度文件，如《中央企业投资监督管理办法》《企业国有资产交易监督管理办法》《关于建立国有企业违规经营投资责任追究制度的意见》等。并专门新设三个监督局，与监事会及业务厅（局）"一前一后"相互配合，形成发现问题、分类处置、督促整改、责任追究的监督工作闭环。

在委托—代理理论的框架下，现代国家治理结构由于存在信息不对称、目标不一致等缺陷，会出现财政预算滥用、官员权力自我膨胀、监督机制缺失等问题，需要国家治理机制内生一个揭露、控制、监督系统，这就成为国家审计作为国家治理结构内生机制的理论基础和现实需要（李坤，2012）。国家审计是国家审计机关根据有关法律对国家机关、行政事

---

① 参见 http：//news.cnr.cn/native/gd/20171124/t20171124_524038691.shtml。
② 参见 http：//www.sasac.gov.cn/n2588035/c8081325/content.html。

业单位和国有企业执行政府预算收支的情况和会计资料实施检查审核、监督的专门性活动。国家审计实质上是国家依法用权力监督制约权力的行为,其本质是国家治理这个大系统中一个内生的具有预防、揭示和抵御功能的"免疫系统",是国家治理的重要组成部分(刘家义,2011)。根据Hart①等开创的新产权理论(Grossman② & Hart,1986),国家治理是处理不完全契约下剩余权力分配问题的系统(谭劲松和宋顺林,2012)。从历史实践来看,"权力导致腐败,绝对权力导致绝对腐败"。现实中,政府及公职人员被赋予了特定的权力,这些权力如果不受约束和制衡,必将产生腐败和滥用。而国家审计则是国家依法用权力监督制约权力的行为。我国《宪法》第91条第1款指出:"国务院设立审计机关,对国务院各部门和地方各级政府的财政收支,对国家的财政金融机构和企业事业组织的财务收支,进行审计监督。"

伴随着中国市场化改革的进程,国有企业和政府审计机构也处于不断改革和职能转变中。自1979年企业改革开始,国有企业经历了以"放权让利"为特征的扩大企业自主权阶段,以"两权分离"为特征的转换经营机制阶段,建立现代企业制度和现代产权制度的改革阶段。尤其是20世纪90年代以来,国有企业通过联合、兼并、改组等多种方式,逐步向关系国家经济命脉的重要行业和关键领域集中。2003年3月,国务院资产监督管理委员会成立,代表国家履行出资人职责,专门管理中央国有企业,解决了国有资产多头管理的问题,从组织机构上实现了政府社会公共管理职能与国有资产出资人之间的分离。在国有企业发展的不同阶段,国家审计都起到了重要的监督和促进作用。同时,为了适应经济体制改革的需要,审计署自身职能也在不断适应和完善中。特别是1993年《国务院办公厅关

---

① 哈特,现为哈佛大学经济学教授。
② 桑福德·格罗斯曼,现为沃顿商学院金融学教授。

于印发审计署职能配置内设机构和人员编制方案》指出，改革企业审计办法，减少对企业的直接审计，重点审计占有、使用国有资产数额较多和接受国家财政补贴较多的中央部属国有企业，对其他中央部署国有企业逐步改为由会计师事务所进行审计，审计机关在必要时进行抽审。在2008年审计署机构改革方案中，审计署原经贸审计司改为企业审计司，专门承担对中央国有企业和国务院规定的中央国有资本控股或占主导地位企业的资产、负债、损益进行审计的职责。

2003年12月，开始实行政府审计[①]结果向社会公告的制度，通过向社会公众公布审计结果来加强审计业务的透明度，使社会公众能够熟悉审计、监督审计并不断了解被审单位的后续整改情况。审计署于2004年进驻九大央企。2006年起开始在年度审计工作报告中集中披露央企的审计结果。2010年起开始在审计署网站披露单户央企的审计结果。此后，基本每年审计10~20户央企，并在每年的6月下旬向社会公众披露审计结果。截至2017年6月，审计署共发布了103份非金融类央企的财务收支审计结果公告及31份金融类央企的资产负债损益审计结果公告。2018年6月20日，审计署又集中发布了35家非金融类央企及3家金融类央企的审计结果公告。

央企的审计结果公告，主要对央企及其部分下属骨干子公司在会计核算与财务管理、对国家经济政策的落实情况、企业重大经济决策的执行情况、企业内部管理等方面存在的问题进行披露，对审计处理与整改情况、相关涉事责任人的处理情况予以公布，为公众监督与评价央企的运行情况提供重要信息。虽然央企审计结果仍然采用"财务收支审计结果公告"，但审计内容已从传统的财务收支问题拓展到重大经济决策、落实宏观经济政策、内部管理、信息系统等问题，即审计内容已不限于《审计法实施条

---

① 对于"国家审计"的说法，本书交替使用"国家审计"或"政府审计"，二者不做严格区分。

例》"按照国家财务会计制度的规定，实行会计核算的各项收入和支出"的"财务收支"界定，还包括了《审计法》及其实施条例中经济责任审计的其他"有关经济活动"（李小波和吴溪，2013；蔡利和马可哪呐，2014）。这种拓展体现了政府审计对国有控股企业的审计已进入"以经济责任审计为重点的全面发展阶段"（李金华，2008）。从审计结果公告看，被审央企多数都在财务收支和工程投资项目方面存在重大问题，例如利润确认不合理、资金使用不规范、内部管理出现重大漏洞、薪酬设置不合理、违规招投标等，有的还存在违纪违法问题，被移交相关部门进一步处理。部分被审计署多次审计的央企屡审屡犯，如2011年审计结果公告中披露中国长江三峡集团公司在对外投资、招投标方面存在违规建设水电站、未经批准开展投资项目、违规招投标等问题，2015年审计结果公告中该公司同样存在违规转包分包、违规招投标、建设项目混乱等问题。

因此，国家审计通过审计监督中央企业，可发挥促进和预警作用，更好地监督央企政策落实情况、维护国家经济安全、预防违纪违规情况。随着国有企业改革的深化发展，政府审计功能正随着公众受托责任的演进而不断拓展。学术界也将国家审计定位成国家治理大系统中的一个不可或缺的监督系统（谭劲松和宋顺林，2012；张军，2012；肖振东和吕博，2013）。本书结合审计署审计结果公告，对国家审计的央企治理效应进行分析，旨在明确国家审计的作用边界，为加强完善国家审计对中央企业的审计监督提供对策和建议。

二、研究意义

党的十八大以来，中共中央和国务院接连发布重大改革文件，不断强化国家审计监督的地位和作用。在党的十八大《报告》和十八届三、四中全会《决定》中,都有专门篇幅论及国家审计工作。尤其是四中全会《决定》更是直接提出,要"完善审计制度,保障依法独立行使审计监督权。对公共资金、国有资产、国有资源和领导干部履行经济责任情况实行审计全覆盖"。此外,2014年10月,国务院颁布了《关于加强审计工作的意见》,2015年12月,中共中央办公厅、国务院办公厅印发关于《完善审计制度若干重大问题的框架意见及相关配套文件》等。这些针对国家审计方面的专门规定,更是强化了国家审计监督的地位和作用。

围绕着国有企业改革,2015年8月中央中央、国务院在《关于深化国有企业改革的指导意见》中,也多次提及国家审计在国有企业改革中的作用,指出要"明确监事会、审计、纪检监察、巡视以及法律、财务等部门的监督职责,完善监督制度,增强制度执行力","健全与激励机制相对称的经济责任审计","健全国有资本审计监督体系和制度,实行企业国有资产审计监督全覆盖,建立对企业国有资本的经常性审计制度"。

从上述规定可以看出,随着我国国有企业改革的不断深化,新时期的国家审计在国有企业改革中被赋予了更加突出的地位。但是,从目前研究来说,还缺乏系统的关于国家审计与国有企业的研究,缺乏对指导国家审计更好地履行国有企业审计的理论和实务证据。因此,在新形势下,基于国有企业视角,理论分析和实证研究国家审计的治理效应,使本书具有较为重要的实践和理论意义。

(一) 实践意义

第一,研究国家审计与国有企业之间的关系,能够梳理出国家审计作用于国有企业的路径。国家审计通过审计监督方式,可对国有企业管理层行为形成影响或制约,这些因素将可能影响到国有企业的会计信息质量、内部控制和投资效率等方面。因此,系统梳理国家审计与国有企业的关系，能从理论上全面总结国家审计能作用于国有企业的路径。

第二，国家审计作用的发挥必将推进国有企业深化改革。通过利用上市公司数据，我们可以实证检验国家审计对深化国有企业改革以及不同关联方的影响，尤其是国家审计在其中所发挥的积极作用。通过总结这些经验证据和政策建议，必将进一步推动国有企业深化改革和提高企业绩效。

第三，能进一步完善国家审计作用的发挥。通过检验国家审计对国有企业与关联方的作用，能发现国家审计存在的局限或者还没有发挥突出作用的方面，因此，实证检验将能发现国家审计存在的不足，为推动国家审计自身改革建言献策。

（二）理论意义

2013年以前，我国学者对国家审计的研究以理论研究为主，近年来随着央企审计结果的公告，越来越多的学者开始以央企控股上市公司为样本进行实证方面的探索。如李小波和吴溪（2013），陈宋生等（2014），蔡利和马可哪呐（2014），朱晓文和王兵（2016），褚剑和方军雄（2017），周微等（2017），李青原和马彬彬（2017），等等。由于央企的大部分有效资产会下沉至央企控股上市公司（凌文，2012；蔡利和马可哪呐，2014），因此，对央企的审计，自然会辐射到央企所属的控股上市公司，这是由他们的股权关系所决定的。如中国船舶重工集团公司2009年度财务收支审计范围覆盖了风帆股份（600482），中国海运（集团）总公司2012年度财务收支审计范围覆盖了中海发展（600026）、中海海盛（600896）、中海集运（601866）。从现有的研究文献来看，政府审计对央企的审计，会作用到其控股的上市公司，即使未被直接审计到，也会受其母公司接受政府审计的影响（唐雪松等，2012；李小波和吴溪，2013）。

本书在他人研究的基础上，以央企审计结果公告为研究对象，对国家审计的央企治理效应进行归纳总结和进一步研究，希望能够明确国家审计的作用边界，并综合考虑国家审计对注册会计师审计行为的间接影响，可以丰富国家审计的实证研究成果。本书将整体关注国家审计对央企会计稳健性、投资行为、内部控制的影响，并注重分析审计署审计行为对注册会计师审计行为的间接影响，力求帮助读者较为完整地了解国家审计对央企治理的作用和加强国家审计对中央企业审计监督的必要性。

第二节 研究内容和框架

本书的研究内容主要包括：

（1）导论：主要包括本书的研究背景与研究意义、研究内容与框架、文献及相关理论、研究中的创新与不足。

（2）国家审计对央企治理的作用概述：这部分主要包括被审央企基本情况分析、被审央企存在的主要问题、国家审计监督的治理效果以及完善央企审计的建议。

（3）以审计署审计结果公告为研究对象，分析国家审计对央企治理作用的具体体现：这部分从会计信息质量（会计稳健性）、投资效率（过度投资）、内部控制的视角，理论分析和实证检验了国家审计与它们的关系。

（4）分析国家审计对注册会计师审计行为的影响。这部分分析了国家审计不仅作用于央企上市公司，可能还会影响到公司所聘请的会计师事务所行为，主要从审计质量和审计收费维度，考察了国家审计对它们的影响。

研究框架见图1-1。

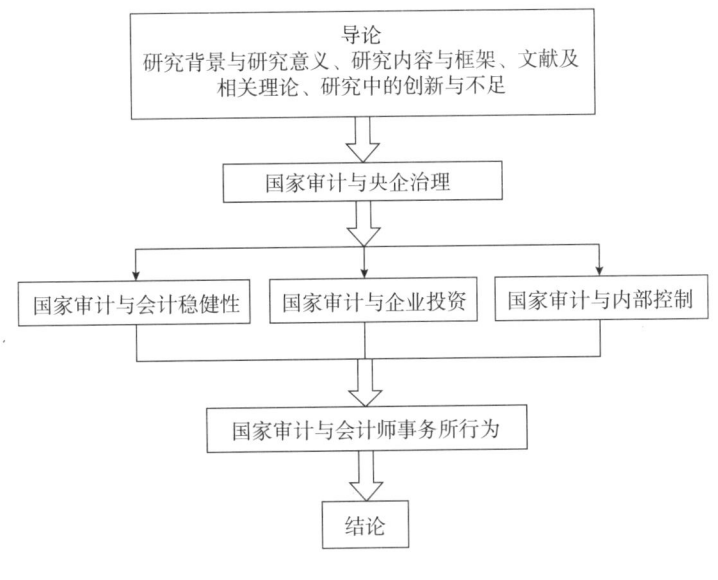

图1-1 研究框架

第三节 文献回顾与相关理论

一、文献回顾

美国的政府审计通常是由政府部门与会计师事务所签约、注册会计师作为主体完成的,而且政府审计的主要对象是联邦政府财政预算执行结果、联邦各部门和公共机构内部财务状况的合法性、合理性及其经济效果。因此,国外研究较多围绕"公共部门"领域注册会计师完成政府审计项目的质量和审计收费问题展开（Donald & Gary，1992；Paul & Mary，1993）。也有研究关注的是政府审计的效果，如 Yoshie 和 Christopher（2010）研究发现，政府审计能够优化公共部门审批资金的使用。Schelker 和 Eichenberger（2010）采用瑞士数据研究发现，财政政策决策前的政府审计工作能够显著降低一般税负和公共支出。因此，西方关于国家审计的研究多集中在"公共部门"领域，并没有文献着眼于国有企业，研究国家审计对国有企业治理效果的影响。

国内关于国家审计的文献可分为理论和实证研究两类。在论文的标题上通常可以划分为政府审计和国家审计，尽管从我们国家审计机关的隶属关系上看应属于政府审计，但实际履行职能上不仅仅局限于政府部门。因此，近些年的文献更多采用国家审计的提法。

为了便于梳理文献，我们分别从已有文献的分类上，区分国家审计和政府审计两类研究，同时，从宏观和微观两个视角进行文献回顾。

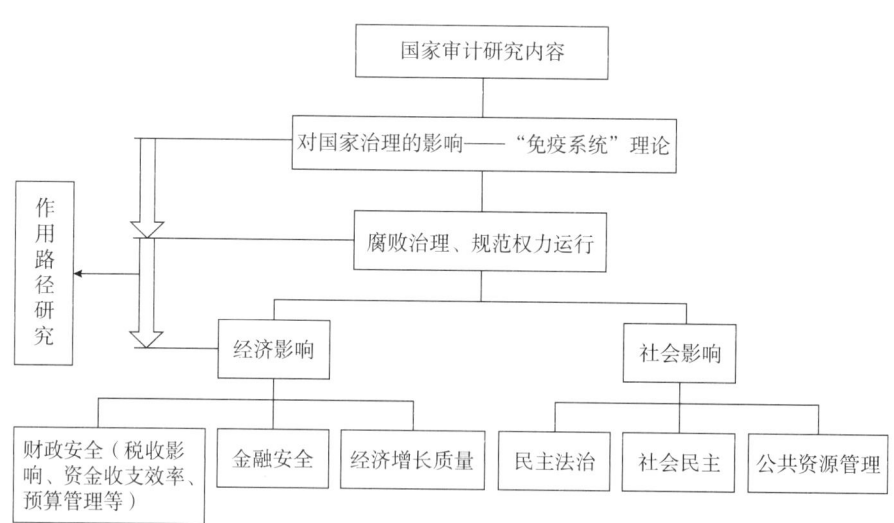

图 1-2　文献梳理框架

第一章
导 论

(一) 国家审计宏观视角

1. 国家审计与国家治理

国家审计基于政府对于人民的公共受托经济责任而存在。通过监督、确认、咨询等职能评价政府公共受托经济责任的履行情况，促进信息公开和政府治理的有效性（秦荣生，2004，2007）。刘家义（2012，2015）提出国家审计是为满足国家治理的客观需要而产生和发展的，是国家治理体系中的一项基础性制度安排，是推动国家治理现代化的重要保障。国家审计作为国家治理"免疫系统"的理论，具有预防、揭示、抵御功能，对于防范、揭露国家腐败和舞弊行为，促进规范权力的配置运行具有义不容辞的责任。李江涛等（2011）通过实证研究证明经济责任审计力量越强，经济责任审计执行力度越大，就越能够预防领导干部的职务犯罪。Liu 和 Lin（2012）利用国家省级政府数据研究发现，国家审计通过监控财政资金的使用，有效抑制了地方腐败滋生。朱荣（2014）利用省级面板数据发现国家审计在促进政府透明度提升方面发挥了积极的治理效应。国家审计对于政府治理、权力运行中腐败舞弊等问题的预防、监督功能，最终也要落实到对经济发展、税收增长、社会民生等方面的促进作用上来。

2. 国家审计与经济发展

《中华人民共和国审计法》规定，国家审计对各级政府及其各部门进行财政收支的监督，对维护国家经济秩序，提高资金使用效率，保障和促进国民经济的持续健康发展具有重大责任。维护国家经济安全是国家审计的主要职责所在（唐建新，2008；蔡春，2009），通过国家审计的保障作用、监控作用、预警作用和保护作用（王世谊，2009），不断完善国家预算管理，加强宏观经济调控和国有资产监督管理（张文祥，2006）。随着经济安全内涵的丰富，国家审计层次也需要不断完善，以维护国家财政安全、金融安全、产业安全、社会经济安全、资源环境安全等，确保国家宏观政策的有效执行（蔡春，2009）。

国家审计对于经济增长、经济安全的重要作用之一体现在对税收的监督控制上。黎仁华（2003）提出，要对企业合理节税筹划与违法避税行为进行合理判定，对企业偷税漏税行为进行严厉惩处，从而保证依法治税的有效性。张军（2015）认为，我国财税体制还存在不足：预算管理制度不完善，财政支出效益不高，税收征管水平不高，转移支付制度不合理，提出要加快税收征管审计发展，促进税务机关提高征管水平，转移支付资金审计要聚焦资金使用效益，促进转移支付制度改革等措施。

2008年金融危机的爆发对于国家金融审计提出更高的期待与要求，要通过不断促进金融结构优化、警惕国际游资冲击、推动金融监管改革等措施，发挥金融审计对国家金融安全的作用（审计署，2010）。国家审计对于促进经济发展方式也起着重要作用，但专门讨论国家审计与经济增长质量之间关系的研究较少。国家审计能够反映各级政府对调整经济结构、提高经济增长质量和效益相关政策的落实情况，揭露和查处决策执行过程中渎职、不作为等行为，促进财政资金落到实处，提高资金利用效率（王耘农，2011）。张金辉（2014）从促进宏观经济政策执行、制度建设和腐败治理、科技进步和创新、生态环境保护、政府绩效管理五个方面探讨了国家审计改善经济增长质量、促进经济发展方式转型的实现路径。唐凯桃（2018）提出供给侧改革背景下，改善经济增长质量是国家治理、公共受托经济责任的新拓展，要突出国家审计对于促进经济、金融、社会、环境协调发展，实现经济增长效率提升等方面的作用。

近年来，关于国家审计对于国民经济增长作用的研究集中在作用效果及作用路径方面。李明（2014）运用近30年省级地方政府数据进行实证研究，发现国家审计短期内并不利于经济发展，但对长期的经济发展发挥了重大作用。此类促进作用主要通过提升地方政府的治理效率来实现。

3. 国家审计与社会发展的其他方面

综观目前国家审计的文献，从国家治理和免疫系统视角进行的研究较多，但从新公共管理理论、社会民生等视角进行的研究还比较少。张俊民（2013）通过对1995~2012年共18份审计工作报告的统计分析后认为，国家审计随国家治理的目的、任务、重点和方式的转变而转变，国家审计在推动我国国家良治中发挥了重要作用，并对国家审计在推进民主法治、加强宏观管理、推动深化改革、维护国家安全、保障民生权益和促进反腐倡廉六方面提出建设性意见。孟焰（2016）提出，国家审计的主体应该包括政府、非政府公共组织和社会民众三类管理主体。社会本位的国家审计工作机理是以人民受托责任为己任，以公共资源流入、分配、支出、报告和绩效为主线。公共资源审计不仅包括传统的财政税收、基金，还包括非税收入、社保基金、经济责任资源环境等方面的审计。

郭劲光（2013）提出了嵌入审计公民回应性机制的作用，探讨了在指标评测层面实现民生审计公民回应性测度的思路和设想。他认为，加强回应性是审计机关与公民良性互动的重要举措，突出了为民审计的精髓，是保障民生、民权的有效途径，它能使政府真正成为"公共利益"的建筑师和保护者。王兵等（2014）认为，随着经济的增长，一系列社会问题随之凸显，除了在经济发展、税收、政府治理等方面的作用外，国家审计在缩小社会不平等、降低不安全因素等社会民生方面也发挥着重要的作用。

（二）政府审计宏观视角

相关学者对于政府审计宏观视角影响的研究主要集中在国家经济安全、财政支出效率、腐败治理几个方面。

表 1-1　政府审计宏观视角研究现状

类别		研究内容	文献
国家经济安全	财政安全	政府审计维护财政安全	韦德洪等（2010）
		政府审计效能与财政资金运行安全性关系	刘雷等（2014）
		政府审计与银行业系统性风险监控	蔡利和周微（2016）
	金融安全	金融机构经营风险的"羊群效应"与政府审计治理机制	曹源芳和王家华（2017）
财政支出效率		政府审计功能协同与财政支出效率	彭冲等（2017）
腐败治理		价值链视角下的政府审计反腐功能	刘桂良和周英（2014）
		政府审计可以抑制腐败吗	刘泽照和梁斌（2015）
		政府审计与纪检监察协同治理腐败机制	熊磊（2017）
		政府审计与腐败治理基于协同视角	王会金和马修林（2017）
		政府审计、政府债务对腐败的影响	张曾莲等（2018）

1. 政府审计与经济安全

董延安（2006）、京津冀特派办课题组（2006）、唐建新等（2008）、王素梅等（2009）曾经从规范研究的角度探讨国家经济安全的内涵、政府审计对国家经济安全的作用以及政府审计如何在维护国家经济安全方面发挥作用等宏观层面的问题。

（1）财政安全。韦德洪等（2010）基于对审计年鉴数据的统计和实证研究证明了政府审计效能对财政资金运行的安全存在显著影响，对财政资金运行安全起保障作用最大的是审计案件处理率，其次是审计工作报告信息被批示采用率，对财政资金运行安全起保障作用最差的是问题金额处理率。政府审计部门可以通过加大审计案件的处理力度和加深审计工作报告信息的开发利用程度来改善政府审计效能，进而提高财政资金运行的安全性。刘雷等（2014）通过对省级面板数据的研究发现政府审计的揭示功能和抵御功能可以有效地降低地方政府财政风险，提高地方政府财政安全程度，但政府审计提高地方政府财政安全程度的预防功能在目前的条件下还未充分有效地发挥出来。此外，政府审计实施的范围大小可以显著地影响地方政府财政安全程度。政府审计实施的范围越广，地方政府财政安全程度越高。

（2）金融安全。刘志红（2011）提出，审计机关应从宏观和系统的角度重新定位审计工作的方向和着力点，在审计理念、监督视野、审计内容以及技术方法等方面做出相应的调整或变革，才能更好地发挥政府审计在防范系统性金融风险中的作用。蔡利等（2013）从审计方法创新的角度提出，应将连续审计引入政府审计监控系统性风险领域。审计署金融审计司课题组（2015）则是从宏观、中观以及微观三个层面，从基于治理的视角探讨了政府审计防范系统性区域性金融风险的作用机制。

蔡利和周微（2016）从经验研究的角度首次探讨了政府审计在监控银行业系统性风险中的作用。研究发现政府审计功能的发挥有助于防范系统性风险，且政府审计的这种功能作用具有一定的滞后效应；政府审计促进金融机构稳健运行的作用主要体现在滞后期，并通过改善资产质量和提高流动性来实现；促进银行业金融机构的稳健运行是政府审计监控系统性风险的有效路径之一。

曹源芳和王家华（2017）认为，金融机构经营风险偏好上的"羊群效应"使各金融机构的风险暴露与触发机制相似，因而风险传染更加顺畅，爆发系统性金融风险的可能性上升。所以，文章根据金融市场与政府审计的基本特征，认为应充分发挥政府审计的"免疫系统"功能，从目标控制、外部监督、公告约束和完善公司治理框架四个方面构建了全局意义上的审计治理框架以分散金融市场风险，保持金融市场的稳定。

2. 政府审计与财政支出效率

以往研究聚焦于讨论协同审计的功能和作用，很少有文献将协同审计与财政资金使用效率和效果联系起来。彭冲等（2017）采用动态空间面板模型考察了"免疫系统观"下审计功能协同发展对财政支出效率的影响效应，通过实证研究得出审计功能协同发展对财政支出效率的影响呈现先上升后下降的倒"U"形特征，充分发挥审计功能协同对财政支出效率的提升效应具有较大潜力。

3. 政府审计与腐败治理

关于政府审计与腐败治理的研究主要集中于探讨政府审计对腐败治理的作用关系以及如何利用政府审计进行腐败治理方面。

刘桂良和周英（2014）在结合企业价值链模型和政府审计特点的基础上，构建了政府审计价值链上的战略环节，并运用实证分析方法对政府审计价值链上三大战略环节的防腐功能进行了分析研究，结论认为政府审计抑制腐败现象功效的发挥需建立在三大环节有效契合的基础上。刘泽照和梁斌（2015）利用面板数据进行检验，重点考察了政府审计对地区腐败水平的影响。研究发现审计揭发问题绩效与地区腐败水平具有交互的正向影响，且随着审计发现违规金额的扩大，腐败水平也相应提高。审计整改在抑制地区腐败发生过程中展现出的关键作用，能够在一定程度上提升现实反腐的有效性。熊磊（2017）对构建协同机制治理腐败进行研究，提出将政府审计与纪检监察有效结合有助于加强腐败治理。王会金和马修林（2017）基于协同学理论，以审计结果利用为导向，梳理了政府审计与腐败治理之间的逻辑关系，并用2008~2013年省级审计机关经验数据进行实证检验。研究发现，政府审计机关与审计客体在腐败治理过程中发挥着积极的协同作用，政府审计能有效推进腐败治理功能的发挥。

张曾莲等（2018）基于省级政府数据进行实证研究的结果表明当期的政府审计处理效力和下期腐败程度呈正相关关系；当期政府审计处理落实

效果与下期腐败程度呈正相关关系；当期政府审计处理落实效果抑制了当期的政府债务对下期腐败的影响；当期的政府审计处理落实效果削弱了当期的政府债务对下期腐败的影响。

(三) 国家审计微观视角

通过归纳可以看出国家审计微观视角的论文主要研究方向大致分为以下三类。

表 1-2 国家审计微观视角研究现状

类别	研究内容	文献
国企绩效与行为	国企产品服务提供	杨迪（2006）
	盈余管理	陈宋生等（2013，2014）
	绩效	李江涛等（2015）、苏回水（2017）、邢维全（2017）
	资产保值增值	吴秋生和郭檬楠（2018）
	企业创新	程军和刘玉玉（2018）
与社会审计的关系	对社会审计的质量与收费的影响	朱晓文和王兵（2016）、李青原和马彬彬（2017）
公告的市场反应	审计结果公告的市场反应	李小波和吴溪（2013）、陈宋生等（2014）

第一类，研究国家审计与国企绩效及国企行为之间的关系，国家审计微观领域的文章大多集中于这一类别。杨迪（2006）通过分析监管博弈的困局（利益因素驱使被监管者与监管机构在监管需求和供给层面互动，导致监管往往偏离公共利益）发现，在监管博弈中增加外生变量，可以防止

监管行为偏离公共利益的"锁定"效应,即国家审计能够促进垄断性国有企业提供高质量公共产品,更好地服务于公共利益。陈宋生等(2013,2014)的研究表明,与审计前相比,接受政府审计后的公司盈余管理程度降低;与未接受政府审计的央企上市公司相比,接受审计的公司盈余管理程度较轻。这表明政府审计有效抑制了公司盈余管理行为。李江涛等(2015)、苏回水(2017)、邢维全(2017)的文章均致力于探讨国家审计与国企绩效之间的关系,研究结果证明国家审计的反腐功能在国有企业绩效提升过程中具有中介效应,它能够促进国有企业绩效提升,并且这种正向中介效应具有一定的滞后性和持续性,对下一期国有企业经营绩效影响更加明显。吴秋生和郭檬楠(2018)的研究表明,国家审计具有督促国企资产保值增值的功能,并从国家审计对国企监督的广度、力度和深度三个维度出发,阐述了国家审计督促国企资产保值增值的影响路径和作用机理。程军和刘玉玉(2018)发现,国家审计通过缓解地方政府干预对地方国有企业创新的不利影响和降低地方国有企业代理成本,提高了地方国有企业创新投入强度,促进了地方国有企业创新。

第二类,探讨国家审计与社会审计之间的关系,此领域有两篇文献,主要关注点为国家审计对社会审计的质量与收费的影响。朱晓文和王兵(2016)研究了国家审计对注册会计师审计质量与审计收费的影响,发现审计署二次审计能够显著改善注册会计师审计质量,表现为应计额的降低,证明了审计署二次审计监督的有效性。进一步地,国家审计对审计收费没有显著影响,但按照会计师事务所规模分类后的研究结果表明,非"十大"所即小所的社会审计收费显著提高,"十大"所的社会审计收费则无明显变化。李青原和马彬彬(2017)同样研究了国家审计对社会审计定价的影响,他们提出国家审计的溢出效应导致社会审计定价下降,而警示效应导致社会审计定价上升,其实证结果显示国家审计功能的发挥对央企控股上市公司社会审计定价有提高作用，即警示效应处于主导地位；且政府涉及财务收支的处罚程度越严重，相关性越强。同时，国家审计的警示效应主要存在于非"十大"所审计的央企控股上市公司。该结果说明，国家审计会提高社会审计投入。

第三类，研究国家审计公告的市场反应。李小波和吴溪（2013）及陈宋生等（2014）的研究均表明审计结果公告产生负面市场反应。

（四）政府审计微观视角

表1-3 政府审计微观视角研究现状

类　别		内　容
研究对象为特定主体	国有主体	国企改制中的审计问题
		"屡审屡犯"产生的根源和政府审计起作用的路径
		预算违规
		国有企业治理效率
		政府审计质量对国有企业政治关联与企业业绩关系的调节作用
		国企高管超额在职消费
		与会计师事务所之间的协同审计
	其他特定主体	非效率投资企业的腐败曝光
		非居民企业反避税政策

1. 国有主体

张先治等（2008）分析了国有企业改制中的审计问题，并提出政府审计参与国有企业改制审计监督的设想，探索了政府审计参与国有企业改制审计监督的方式和途径，剖析了政府审计参与国有企业改制审计监督可能面临的障碍，为国有企业改制问题提供了新的解决思路。马轶群等（2011）通过中央政府与各职能部门之间不同的缔约理论模型，分析"屡审屡犯"产生的根源和政府审计对此起规范作用的路径，研究发现在责任追究机制不健全的情况下，政府审计更重要的作用表现在审计结果公告上，通过"声誉机制"起到规范职能部门行为的作用。宋达和郑石桥（2014）根据中央部门预算执行审计的数据，研究了政府审计对预算违规的作用，分析表明，政府审计对于公共部门预算违规究竟发挥抑制作用还是诱导作用，是由预算违规的审计发现率、审计处理率和审计处罚率共同决定的，其中审计处罚率是关键变量。根据中央部门预算执行审计的数据分析表明，预算执行审计不是抑制了预算违规，而是诱导了预算违规，其主要原因是审计处罚没有力度。蔡利等（2014）以央企控股上市公司为研究对象，以公司经营业绩为研究切入点，探讨了政府审计功能的发挥对国有企业治理效率提升的影响。研究结果表明，政府审计功能的发挥对央企控股上市公司经营业绩的提升有积极的促进作用，但这种作用具有一定的滞后性，且集中表现在审计结果公告后的连续两个期间。同时研究发现，现阶段政府审计的这种作用在于较好地促进了中央企业经营业绩考核指标的完成，而未真正实现企业经营效率的优化。张立民等（2015）研究了政府审计质量对国有企业政治关联与企业业绩关系的调节作用。研究表明在考虑政府审计质量的情况下，政府审计质量越高，高管政治关联提升作用越不明显，也越会减轻股权政治关联对企业绩效的损害作用。因此，提高政府审计质量可以改善国有企业的生存环境，优化资源的配置，促进企业的健康发展。褚剑和方军雄（2016）研究了政府审计对国有企业高管超额在职消费的影响。研究发现，政府审计能够抑制央企控股上市公司高管的超额在职消费行为，并且政府审计的这种外部治理效应在上市公司的治理状况较好，审计署的监督力度较强时更为明显。许汉友等（2018）根据国有控股上市公司审计的经验数据，研究了政府审计对 CPA 审计效率的传导效应。本章的研究结论表明，政府审计与会计师事务所之间的协同审计能激发审计效率的提升，从而为审计全覆盖的实现提供有力的支撑证据。

2. 其他特定主体

周微等（2017）考察了政府审计是否能促进非效率投资企业的腐败被曝光，研究发现政府审计能够提高非效率投资企业的腐败被曝光概率。进一步研究发现，中央实施的一系列严厉反腐败行动能够提高政府审计作用，尤其能够提高投资不足企业的腐败曝光概率。杨英杰和郭瑞（2018）研究了政府审计在非居民企业反避税政策中的作用，发现其作用路径主要有推动执法机关实事求是地判定是否"合理商业目的"，促进一般反避税条款的不断完善，推动税务机关和司法机关不断提升反避税能力，不断加强政府审计，强化反避税部门联合监管。

二、相关理论

（一）公共受托责任理论

关于审计产生动因的理论有很多，其中最具代表性的是认为"审计为适应受托责任（或受托经济责任）关系而产生"，审计的首要前提是受托经济责任的发生。1984 年 5 月，东京举行的亚审组织（ASOSAI）第三届大会第一次给出了公共受托经济责任的定义，即按照特定要求或原则经管受托公共资源并报告其经营状况的义务。受托经济责任源于企业经营权和所有权的分离，所有者将其拥有的资源委托给经营人管理，经营者就具有了向所有者报告资源使用情况及保值增值情况的义务。受托经济责任是现代会计审计的灵魂（蔡春，2000），当经济监督活动由财产所有者委托专门机构和人员进行时，审计才会产生。因此，审计产生于受托经济责任，同时也是维系受托经济责任关系中不可缺少的环节。

我国是人民当家做主的社会主义国家，人民拥有全部的社会财富和国家资源，但由于国情和财富资源的复杂性，人民群众无法直接对国有资产进行经营管理和监督，只能通过法律法规授予和委托国家各级政府经营管理，所以政府就成了人民群众的受托者，代表人民群众的意志，并随时接受人民群众的监督。关于社会财富和国家公共资源的委托—代理关系就此产生。

国家和各级政府通过对社会财富和国家资源的管理直接对人民负责，在经营过程中必须以促进资产及资源保值增值为原则，履行与人民群众的约定。而在这个过程中，人民群众就需要有一个专门的、独立客观的机构能够对国家及各级政府履行约定的具体情况进行监督，国家审计就此产生。它作为独立于国家及人民的第三方机构，能够客观公正地对国家及各级政府经营管理国家资源和社会财富的过程进行审计监督，评价受托方是否如约遵照人民群众的利益和意志进行管理，是否切实有效地履行对人民群众的责任，并将审计结果依法向人民群众进行公告。国有企业是体现"政府—人民"委托—代理关系的典型代表。国有企业的资本从根本上说属于人民。国资委和国有企业的管理者是受托人，承担着来自人民群众的公共受托责任。国家审计有义务介入国有企业，监督检查央企和地方国企经济负责人履行受托责任的情况，监测运营过程，并通过审计公告将发现的问题公示出来。因此，国家审计的本质目标是保障和促进国家和各级政府公共受托经济责任的全面有效履行（蔡春等，2012）。

第一章 导 论

（二）国家治理理论

国家治理是为了有效实现国家职能，通过配置和运作国家权利的方式，对国家和社会事务进行控制、管理和服务的专门活动。在这一过程中，政府实施从一元治理到多元治理、从集权到分权、从人治到法治、从管制到服务的转型。在我国社会主义宏观调控体系中，政府审计是监督保证系统的重要组成部分，它作为国家治理的重要工具和手段，依法对权力运行进行监督制约。

按照"新公共管理"理论，国家治理得以存在，需要两个前提条件：一是具有成熟的多元管理主体，包括政府、市场和公民社会；二是各主体之间具备民主、协作和妥协的精神（臧志军，2003）。目前，这两个条件在我国尚不成熟。一方面，在"官本位"畅行的中国，掌握权力的官员还没有真正把公民当作社会的主人；另一方面，我国公民普遍缺乏运用政治权利来维护自身合法权益的意识。在这种背景下，政府成为国家治理的主体，它所提供的法律和各种博弈规则为市场经济与公民社会的平稳有效运行创建了一个基本的制度环境（李景鹏，2001）。因此，对政府决策行为进行监督，就成为提高国家治理水平的关键。而国家审计则是实现这一目标的有效途径。

关于国家审计的本质，目前主要有"工具论""免疫系统论"和"国家治理论"。"工具论"认为，国家审计的本质是经济监督和经济控制（李金华，2004）；"免疫系统论"认为，国家审计的本质是经济社会的"免疫系统"，强调审计的预防和修复（服务）功能（刘家义，2008）；"国家治理论"则认为，国家审计的本质是国家治理的重要组成部分，其目标是为国家治理服务（刘家义，2011）。国家治理论将国家审计定义为国家治理这个大系统里一个内生的具有预防、揭示和抵御功能的"免疫系统"，是对国家审计本质认识的升华。在我国，大多数国家监管机构的监督都是被动监督。例如司法机关、纪检部门，都是等问题已经出现了或是已经有了线索才能进行更进一步的调查。而国家审计部门则是一个独立的部门，在国家治理体系中属于主动监督、经常性监督，可以对被审计对象审计范围内的所有事项进行审计监督。同时，国家审计的地位和特性也可以保障审计人员把问题查透查深，通过公布审计结果公告及审计整改情况，能够最大限度地遏制不良事件的发生，提高国家治理水平。

因此，国家审计与国家治理密切相关，国家审计不仅是国家治理机制形成的基础，还可以完善国家治理。当国家审计监督有效时，能显著提高国家治理成功的可能性。国家审计通过风险监督和风险控制这两项基本活动确保政府有关部门有效履行受托责任，并为政府之外的其他治理主体提供信息支持。

第四节 研究中的创新与不足

一、创新

本书的创新之处主要体现在以下两点：

首先，传统的国家审计研究通常立足于规范研究，注重广泛讨论国家审计参与国家治理的路径和机制，但缺乏实证和经验证据，具有一定的片面性。而本书所研究的国家审计治理效应是实证研究，较为全面系统地刻画了国家审计对国有企业的治理效应，可以更客观全面地评价国家审计在国有企业治理中所发挥的作用，大大增强了研究结论的可靠性和推广意义。本书以受托责任观和国家治理观为基础，系统考察国家审计对中央企业的治理效应，丰富了国家审计的实证研究成果。本书基于审计署审计结果公告，分析了中央企业近年来存在的主要问题，综合关注了国家审计对央企会计稳健性、投资行为、内部控制的影响，并分析了审计署审计检查对注册会计师审计行为的间接影响。有助于读者较为完整地了解国家审计的央企治理效应，强调加强国家审计对中央企业审计监督的必要性。

其次，除分析央企外，本书还分析了国家审计对会计师事务所审计行为的影响。监督并核查注册会计师审计质量是国家审计的职能之一。本书以央企控股上市公司为载体，同时考察国家审计对央企控股上市公司的社会审计质量和社会审计收费的影响。按照会计师事务所规模分组回归的结果表明，国家审计提高的主要是小所审计公司的审计质量和审计收费，表现为小所审计公司的财务报告稳健性提高，过度投资行为受到抑制，内部控制得到改善；小所的社会审计收费提高。

二、不足

本书以央企审计结果公告为基础，考察国家审计的央企治理效应。主要存在以下三点不足之处：

首先，由于可获得的央企集团资料有限，本书以接受审计署审计的央企控股上市公司为研究对象，分析国家审计的治理效应。严格地讲，是一种从母公司辐射到子公司的间接治理效应。若后续可获得较为详尽的央企集团财务信息及公司治理数据，可以对国家审计的央企治理效应进行更加直接的检验。

其次，受限于可用的非金融类央企的审计结果公告数量，本书提出观点的样本基础有限。同时，本书仅考察国家审计对受审计署监督的中央企业的治理效应，未将地方审计机关负责审计检查的地方国企纳入分析范围。

最后，本书对注册会计师审计行为的考察主要关注审计署审计检查是否会对央企控股上市公司的社会审计质量和社会审计收费产生影响。其中对社会审计质量的考察，依托会计信息质量指标，由于不能拿到注册会计师审计前的会计信息资料，审计署审计检查后被审央企控股上市公司会计信息质量的提高可能是公司自身会计信息质量改善，也可能是承担年度报告审计的注册会计师执业更加谨慎，从而提高了对财报质量的保证程度。区分会计事务所类型的实证检验在一定程度上弥补了该项不足，证明国家审计会通过影响注册会计师的审计行为来影响公司的会计信息质量和公司治理水平。

第二章

国家审计与央企治理

第二章
国家审计与央企治理

国有企业是中国特色社会主义的重要物质基础和政治基础，是党执政兴国的重要支柱和依靠力量。尤其是央企，在关系国家安全和国民经济命脉的主要行业和关键领域占据支配地位，是国民经济的重要支柱。根据审计法和《国务院办公厅关于印发审计署主要职责内设机构和人员编制规定的通知》，审计署依法独立对国有金融机构和企业事业组织的财政财务收支及相关经济活动的真实、合法和效益情况，中央相关政策措施落实情况，以及领导干部经济责任履行情况进行审计监督。2017年4月，中央全面深化改革领导小组会议审议通过的《关于深化国有企业和国有资本审计监督的若干意见》，对完善国有企业和国有资本审计制度作出全面规划和部署，充分体现了党和国家对国有企业审计的高度重视。根据审计法和相关规定，审计署企业司承担着组织审计中央国有企业和国务院规定的中央国有资本占控股或主导地位企业的资产、负债、损益的职责。本章通过对2010~2017年审计署审计结果公告的统计分析，归纳被审计央企的基本特征，分析审计署发现央企近年来存在的主要问题，提出改善央企审计的建议。

第一节　被审计央企基本情况分析

从2003年底开始，审计署陆续公开披露审计结果的信息，施行审计结果公告制度。从 2010 年开始，审计署单独披露对央企的审计结果情况。我们收集整理了 2010~2017 年审计署公告的案例，并以这些被审计央企作为分析对象，探讨国家审计在央企治理中发挥的作用。

一、每年被审计央企的数量情况

如表 2-1 所示，从 2010 年起，审计署开始披露对国有企业的审计结果。每年审计署审计的具体企业数量相对平稳，从 2010~2017 年的情况来看，除了 2010 年审计的央企数量低于 10 家之外，其余几年都在 15 家左右。2011 年和 2017 年审计数量最多，达到 20 家。

从审计时间来看，除了 2011 年的审计项目中涉及上几个年度的样本外，其余年份都是对上一年度的企业财务报告进行审计。当年开展的审计项目，都会在下一个年度进行公开披露，时间间隔固定。

表 2-1 被审计央企的数量

公告年份	财务年度	审计时间	审计数量（家）
2010	2008	2009	9
2011	2007~2009	2010	20
2012	2010	2011	17
2013	2011	2012	13
2014	2012	2013	14
2015	2013	2014	17
2016	2014	2015	15
2017	2015	2016	20

二、被审计央企涉及领域情况

从 2010~2017 年被审计央企所在领域的分布来看，主要集中于能源资源开发、金融、电子信息、交通运输、机械制造、航天科技等领域，均为影响国民经济发展的关键领域。除了 2010 年公告列示的公司数量较少、涉及的行业领域较少外，其余各年的被审计公司所涉及行业都有一定的规律。能源资源开发类企业占当年所有行业比重最高，基本都在 30% 以上，甚至在 2011 年和 2017 年达到 40%，这也可以部分反映目前我国央企的产业结构，还是以资源、能源行业为主。除此之外，可以看出，过去几年被审计企业所处的行业领域变得越来越丰富，电子信息类、航天科技类企业占被审计央企的比重逐渐上升，审计已经渐渐涉及越来越多的行业。

三、被审计央企的财务状况和经营成果

表 2-2 是被审计央企的财务状况和经营成果的数据。审计公告年份是 2010~2017 年，被审计央企的财务收支范围是 2008~2015 年。在此期间，央企的资产规模和利润情况差别较大。如 2008 年，审计的平均资产为 2101.7 亿元，负债为 1353.0 亿元。而到 2011 年，审计的平均资产为 22159.9 亿元，负债为 19999.3 亿元。这主要是不同年度被审计央企的财务状况和经营成果的差异所致。如 2011 年主要是中国工商银行等金融机构的资产和负债规模庞大所致。2011 年、2012 年，和后面几年所审计央企的资产负债均值、收入利润均值差别尤其显著。这些都与被审计的公司具体情况有关，在 2011 年和 2012 年审计的对象大多为金融和通

信行业，企业的资产、负债规模庞大，企业收入规模和盈利能力也比其他年度的要高。

表 2-2 被审计央企的财务状况与经营成果

年份	资产均值（亿元）	负债均值（亿元）	收入均值（亿元）	利润均值（亿元）
2008	2101.7	1353.0	846.2	24.2
2009	2861.6	2016.6	1478.4	84.1
2010	13335.4	10631.1	3466.9	362.0
2011	22159.9	19999.3	1959.9	379.3
2012	17287.2	13752.4	4352.4	387.8
2013	13391.3	11070.2	2926.4	194.9
2014	19311.8	16587.1	4278.5	281.3
2015	5884.4	3919.4	3626.4	111.3

四、被审计央企的子公司、参股公司以及审计占比情况

对单个央企而言，国家审计的范围包括母公司和下属的子公司或参股公司，每家公司审计范围也根据具体审计业务的需要而定，各年度存在一定的差异性。从表 2-3 对子公司与参股公司审计情况来看，早期央企的子公司和参股公司数量相对较少，而近些年随着企业规模的扩大，以及一些企业的合并重组，下辖的子公司与参股公司也日益增多。

表 2-3 子公司与参股公司审计情况

公告年份	平均子公司数量	平均参股公司数量	审计占比情况
2010	16	15	51.61%
2011	28	15	30.95%
2012	35	—	29.20%
2013	23	—	48%
2014	220	—	4.83%
2015	411	144	2.05%
2016	407	181	1.74%
2017	566	140	1.73%

在2010年至2013年，由于所审计央企的数量和规模问题，审计二级子公司数占总子公司数的比例较大，基本都在30%及以上，2010年达到最高值51.61%。但从2014年开始，被审计央企的规模越来越大，对二级子公司的审计难以覆盖，此阶段审计二级子公司数占全资、控股子公司数的比例急剧下降，降至2%左右。这种情况反映出随着被审计企业规模的扩大，需要更多从总体的角度把握审计方向，而不单局限于对单个子公司的审计。

第二节 国家审计发现的主要问题

国家审计监督是独立的、由专门机构和专职人员依法进行的监督，发挥着保障国家经济社会健康运行的"免疫系统"作用，其具有独有的预防、揭示和抵御功能（刘家义，2011，2012）。从央企的审计角度来看，国家审计按照相关要求，履行着对其经营管理的监督职能。通过审计有助于发现企业在财务和会计核算、贯彻国家重大决策、企业内部管理决策和内部控制以及廉洁自律等方面的问题,这些问题的揭示有助于企业改善经营管理,推动国有企业的公司治理和内部控制建设,从而推进国有企业的改革发展。

结合审计署公告不难发现,目前,对央企审计发现的问题主要表现在以下四个方面:财务管理与会计核算问题、执行国家重大决策问题、重大决策和内部管理问题以及八项规定与廉洁自律情况。

一、财务管理与会计核算问题

财务管理涉及企业投资、筹资、营运资金以及利润分配的管理;会计核算主要是针对已经发生或已经完成的经济活动进行核算。财务管理与会计核算问题主要发生在企业确认收入和费用、合并财务报表以及日常资金处理等方面。

在 2010~2017 年的审计署公告中,除了 2010 年没有具体的问题分类及 2015 年将该问题划入经营业绩方面之外,其余各年都单独披露了财务管理和会计核算方面的问题。其中 2011 年、2012 年和 2014 年,从数量上来看,该项问题占审计发现总问题的比重较高,分别达到了 66%、35% 和 35%,其余几年的占比在 20%~30%。

表 2-4 审计发现的财务管理与会计核算问题

公告年份	财务管理与会计核算问题数	该类问题占总数的比例
2011	258	66%
2012	65	35%
2013	35	25%

续表

公告年份	财务管理与会计核算问题数	该类问题占总数的比例
2014	54	35%
2016	73	28%
2017	127	21%

从具体金额来看,在一定程度上每个企业都存在会计核算问题,出现了企业资产不实和利润不实等问题。在 2010~2017 年审计署的公告中,部分审计公告中没有直接列示企业资产不实和利润不实的问题,但也存在其他财务管理问题。从具体披露问题来看,主要为企业虚构销售、虚增资产和利润、财务报表合并不规范和会计科目核算记录有误等。

表 2-5 审计发现的资产不实、利润不实情况

公告年份	资产不实占比	资产不实均值（亿元）	利润不实占比	利润不实均值（亿元）
2010	78%	1.42	100%	1.79
2011	75%	5.56	100%	3.27
2012	73%	1.62	93%	3.84
2013	85%	2.08	100%	0.63
2014	86%	6.42	100%	1.59
2015	65%	1.04	100%	9.12
2016	73%	4.36	100%	3.34
2017	80%	8.96	100%	10.43

从审计披露的金额来看,在 2010~2017 年,出现资产不实的概率在 60% 以上,大部分企业存在资产不实问题。2017 年资产不实平均为 8.96 亿元,最少的年度是 2015 年,为 1.04 亿元。从利润来看,被审计央企出

现利润不实的概率都在 90% 以上，甚至大部分为 100%。这说明每个企业都多少存在利润不实问题，其中 2017 年的利润不实金额高达 10.43 亿元。

二、执行国家重大决策问题

央企作为国民经济的支柱企业，在正常的生产经营过程中，也需要履行国家提出的重大政策，这些政策对推动国有企业改革发展和促进社会进步具有重大意义，如国家提出的供给侧改革要求企业淘汰落后产能，要求非房地产企业按规定退出房地产业务，以及企业职工家属区"三供一业"分离移交等。

对于这些政策执行情况的审计，是监督国有企业对稳增长、促改革、调结构、惠民生、防风险等政策措施的具体落实，有利于推动国有企业贯彻落实国家重大决策部署和有关政策措施，更好地服务改革发展，维护经济秩序，促进经济社会持续健康发展。在 2010~2017 年的审计署公告中，除了在 2010 年、2011 年、2016 年未列示相关问题之外，其余各年都包含这一问题分类。从数量上看，该类问题占审计总问题数的比重在 2012 年、2013 年、2014 年、2015 年和 2017 年分别为 6%、10%、29%、11% 和 12%。这说明作为央企，依然存在一些企业没有严格执行国家的重大政策，造成不利的负面影响。

表 2-6　审计发现的重大政策执行问题

公告年份	执行国家重大政策问题数	该问题数占总问题数的比例（%）
2012	12	6
2013	14	10
2014	44	29
2015	29	11
2017	74	12

三、重大决策和内部管理问题

重大决策和内部管理都是面向企业内部的活动,属于管理层的职责。这些问题的暴露说明企业在管理和决策过程中,存在决策不合规、管理不到位等问题。

在 2010~2017 年的审计署公告中,除了 2010 年未进行问题分类及 2015 年将该问题划入经营业绩方面之外,其余各年都将该问题合并或分开列示。从 2012 年开始,该类问题比较突出,成为审计所发现问题的主要部分。2012~2017 年每年的占比分别为 46%、62%、65%、55%、49% 和 56%,基本维持在 50% 左右,最大值为 65%。这充分说明央企在自身的经营管理中还存在诸多问题,这些问题既与央企规模大、地域广、行业多等特点有关,也与自身管理存在缺陷和不足有关。

表 2-7 企业内部决策和管理问题

公告年份	重大决策和内部管理问题数	该类问题占总问题数的比例(%)
2012	86	46
2013	88	62
2014	100	65
2015	152	55
2016	126	49
2017	338	56

四、八项规定与廉洁自律情况

八项规定与廉洁自律情况是对企业道德层面提出的要求。八项规定是

2012年中央政治局为了改进工作作风、密切联系群众而提出的规定。八项规定与廉洁自律情况在审计中被单独列示和国家反腐倡廉的力度有关，也体现了央企在贯彻中央"八项规定"政策方面的落实情况。

在2010~2017年的审计署公告中，2015年才开始出现和廉洁从业相关的问题分类，而八项规定是在2017年才正式被列示到问题分类。2015~2017年，该项问题的占比情况分别为10%、13%和11%。这充分显示，央企在一定程度上还存在违反"八项规定"和廉洁自律的问题。

第三节 国家审计监督的治理效果

从审计发现的问题可以看出，国家审计在央企治理过程中发挥着极为重要的作用。

从免疫系统理论来看，首先，国家审计发挥着预防功能。国家审计有助于预防央企存在的诸多问题。国家审计具有内生性的威慑作用，审计机关具有超脱经济社会各方面具体事务的独立、客观、公正的特征，因而有条件、有责任及时发现国有企业经营管理过程中存在的苗头性、倾向性问题，及早发出警报，起到预警作用，避免企业存在会计信息失真、决策违规、管理不善、落实国家重大政策不及时以及违反中央"八项规定"和廉洁自律等问题。

其次，国家审计发挥着揭示功能。根据法律规定，审计的基本职责是监督，监督就在于查处企业的错误和舞弊问题，对企业财务管理和会计问题进行纠正，通报企业未落实国家重大政策、企业内部决策和管理不善以及违反"八项规定"和廉洁自律等情况。正如本章第三部分所分析的，目前央企依然存在大量的问题,审计监督发挥着重要的揭示作用。

最后,国家审计发挥着抵御功能。国家审计通过促进健全制度、完善体制、规范机制,能够起到抑制和抵御企业经营管理过程中的各种"病害"的功能。通过完善制度,消除企业会计信息失真的根源问题,纠正企业违反国家政策、企业内部决策和管理不善,以及企业道德缺失等问题。

另外,从近些年国家审计公告对央企审计的披露来看,国家审计在具体开展的审计过程中,关注的问题和审计重点也是与时俱进的。一方面,央企审计的问题分类在不断做出调整和变化,从过去将审计重点放在会计核算和财务管理方面,到2012年关注重大决策和内部管理方面,再到2015年出现与廉洁从业相关的要求,国家始终贯彻国务院决策部署,在不断探索中找到央企治理的路径和监督的重点领域,并付诸具体实践。另一方面,审计署对企业存在问题的分类总体上变得更加合理,从早期不成系统、列举式的分类,渐渐变得有条理、有针对性。而且在转变的过程中,既保留了全面性的特征,又使揭露的问题精简化、系统化。将会计核算和财务管理问题、重大经济决策存在的问题以及内部管理问题始终作为审计监督的重点加以突出,反映出国家审计非常注重央企的基本运营规范,并且一以贯之。

第四节　完善央企审计的建议

近年来,国家颁布了很多与国家审计相关的重大政策,特别是十八届四中全会发布了《关于全面推进依法治国若干重大问题的决定》,首次把审计监督工作列入我国八大监督序列，将审计工作提升到了治国理政，推进依法治国、建设法治政府的高度。而且随着央企改革推进和兼并重组，审计将面临前所未有的困难和问题。正如上文的分析，央企的规模越来越大，子公司和参股公司的数量越发庞大，一些企业信息化程度越来越高，大数据、云计算等都开始得到应用，甚至随着混合所有制的改革，企业的核心业务和环节从总部转移到子公司。这就需要国家审计不断创新审计思路，适应央企审计的特点。

具体来说，国家审计可以在以下几方面做进一步改进：①加强信息化审计水平，关注对央企数据的分析，甚至可以建立对央企财务和经营管理数据的定期分析和监控机制。②充分利用央企的内部审计和外部社会审计的力量。内部审计和社会审计都是企业的监督手段，对央企开展的社会审计也是审计机关监督的范围。在政府审计机关资源有限的条件下，可以加强对内部审计和社会审计的监督，加强对审计的指导和对成果的利用。③紧密结合国家治理的决策部署，按照风险导向审计的思路，把握重大风险领域，比如关注集团层面的重大风险和重要上市公司的风险，将更多审计资源集中在重大风险领域，将风险降到最低，减小风险对经济社会的影响。

第三章

国家审计与财务报表稳健性

第三章
国家审计与财务报表稳健性

本章分析了国家审计对国有企业财务报告质量的监督效果,基于审计署 2010~2014 年公布的央企审计结果公告,以被审央企的控股上市公司为样本,通过倾向值得分匹配(Propensity Score Matching,PSM)和双重差分模型(Difference-in-Difference,DID)考察被审计样本公司在国家审计前后财务报告稳健性的变化。研究主要发现以下结论:①国家审计能够显著改进央企控股上市公司的财务报告稳健性;②比较被审计样本在一次和二次审计检查后的财务报告稳健性,发现审计署二次审计能够进一步改善财务报告稳健性。本章的研究结论提供了国家审计改善央企控股上市公司会计信息质量的经验证据和政策启示。

第一节 研究概述

国有企业财务报告提供了决策有用的信息,反映受托人的履约责任。从契约角度看,会计信息的稳健性将会影响国有企业的投资效率和资源的优化配置效率。Watts(2003)认为,会计稳健性可以促进利益在股东、债权人和经理层之间的合理分配。因此,改善国有企业财务报告稳健性有利于客观反映并有效监督企业负责人受托责任的履行情况,确保国有资产的保值增值,避免国有资产流失和贪污腐败现象。

根据宪法和审计法的规定，审计署企业司承担着对中央国有企业的审计监督职责。从 2010 年开始，审计署每年都会公告单户中央国有企业财务收支审计结果。① 审计结果公告显示国有企业存在资产利润不实、投资决策失误等诸多问题。那么，来自审计机关的监督检查能否对财务报告质量产生影响，改进财务报告稳健性呢？这方面我们还知之甚少。尽管陈宋生等（2013）基于审计署 2011 年披露的 15 个央企集团下属 25 个上市子公司 2009 年度财务收支审计结果，发现政府审计能有效抑制公司盈余管理行为，但该文未采用严格的配对样本和双重差分模型，并且未关注内生性等问题。因此，研究结论还需要进一步严格检验。

同时，我们发现，审计署不仅会选择其中某些央企进行审计，同时也对其中某些企业进行两次或多次审计。在这种制度安排下，一些企业既可能会一直保持着财务报告的稳健性，但也可能采取投机行为进行盈余管理。因此，本章试图回答二次审计相对于一次审计，其会计稳健性是否会发生变化。或者说，能否进一步提升财务报告稳健性？

基于审计署 2010~2014 年公布的央企财务收支和专项调查审计公告，我们以被审计央企的控股上市公司为检验样本，通过倾向值得分匹配（PSM）方法确定其配对样本，选择会计稳健性作为财务报告质量的替代变量，采用双重差分模型考察被审计样本公司在国家审计前后财务报告稳健性的变化。通过研究发现，国家审计能够显著改进上市公司财务报告稳健性，即与对照组相比，在审计署开展审计工作后，样本公司财务报告稳健性显著提高，表明国家审计监督发挥了显著的治理效应，有助于控制激

---

① 本章不考虑金融机构审计情况。审计署 2005 年对中国农业银行 2004 年的资产负债损益进行审计，2006 年对中国银行、交通银行、招商银行 2005 年资产负债损益进行审计，2007 年对国家开发银行、中国农业银行、中国光大银行、原中国人保控股公司、原中国再保险集团公司 2006 年资产负债损益进行审计。相应的单户金融机构审计结果公告也分别于 2006 年、2007 年、2008 年在审计署官网公布。

进的会计行为，提高了财务报告稳健性。

同时，我们比较了审计署关注多次的被审计的公司在一次和二次审计检查背景下的财务报告稳健性，发现审计署二次审计检查后被审计的公司的财务报告稳健性显著高于前一次审计检查后的财务报告稳健性，表明国家审计对国有企业财务报告稳健性具有持续显著影响，审计署多次审计检查能够起到进一步改善上市公司会计信息质量的作用。

本章的研究贡献在于：①采用 PSM 方法和双重差分模型，控制了内生性和其他因素的影响，检验了国家审计对国有企业财务报告稳健性的影响。由于倾向值得分匹配和双重差分模型在因果关系分析、内生性问题、选择性偏差控制等方面的独特优势，近年来，两种方法逐渐被用于会计、审计、财务等研究领域，如 Armstrong 等（2010）、Chan 和 Wu（2011）、Bushee 和 Miller（2012）、Chen 等（2014）。毛捷等（2011）认为，倾向值得分匹配和双重差分的结合使用既能较好地控制样本选择性偏差问题，又能解决使用面板数据容易产生的内生性问题。因此，本章采用这些方法实证回答了国家审计在国有企业财务报告中的治理作用，丰富和补充了目前关于国家审计和国家治理的相关研究（刘家义，2012；陈宋生等，2013）。②基于西方背景下，政府审计主要通过委托和聘请会计师事务所来完成，而注册会计师执行的审计工作在审计质量上存在诸多问题（Hardiman et al.，1987）。从实证角度来看，西方研究主要考察政府审计在财政预算等方面的治理效应，缺乏背景来检验政府审计在企业财务报表方面的作用，本章丰富和补充了这样的研究视角。③在本章的研究设计中，我们也回答了审计署二次审计对公司财务报告质量的作用，发现财务报告稳健性能够得到持续改善。因此，审计机关可以对国有企业采取不定期多次审计的方式，避免企业因一次审计而产生的投机心理。

第二节 理论分析与研究假设

审计质量取决于审计师发现并报告审计问题的联合概率（DeAngelo，1981）。国家审计在审计独立性和专业胜任能力方面不同于社会审计。

一方面，审计署作为独立的政府机关，与被审单位之间不存在任何经济利益关系，甚至在审计现场环节，审计署都出台"八不准"来规范审计人员的食宿问题①；同时，审计机关的考核激励机制通常与被审计结果相联系，发现被审单位的问题越严重，政府审计人员越有可能得到奖励和晋升。因此，政府审计人员在审查财务报告时，更有动机保持独立性，发现并披露被审单位财务报告存在的问题。另一方面，从专业胜任能力来看，审计署一直注意加强审计队伍建设，不断强化"人、技、法"方面的能力。审计署下设企业审计司专门实施对国有企业的审计，要求审计人员具备国有企业所在行业知识专长，能够识别可能存在的违规舞弊问题及这些问题容易发生的领域和环节。特别地，审计署具有一定的行政权力，可以强制要求被审单位配合审计工作，提供相关的材料和信息，并且从审计任务来看，审计机关的审计行为不像社会审计那样受到审计成本和时间的严格约束。因此，总体来说，审计署更有可能发现和报告被审国有企业存在的财务报告问题。

---

① 即不准由被审单位和个人报销或补贴住宿、餐饮、交通、通信、医疗等费用；不准接受被审单位和个人赠送的礼品礼金，或未经批准通过授课等方式获取报酬；不准参加被审单位和个人安排的宴请、娱乐、旅游等活动；不准利用审计工作知悉的国家秘密、商业秘密和内部信息谋取利益；不准利用审计职权干预被审单位依法管理的资金、资产、资源的审批或分配使用；不准向被审单位推销商品或介绍业务；不准接受被审单位和个人的请托干预审计工作；不准向被审单位和个人提出任何与审计工作无关的要求。

央企大部分有效资产会下沉至控股上市公司（凌文，2012）。审计署审计央企，不仅会对母公司进行审计，还会对下属上市公司进行延伸审计，部分审计结果公告会明确提及延伸审计的上市公司名称。另一方面，由于延伸范围的不确定性，被审央企的下属上市公司在出具财务报告时都会保持谨慎，应对可能的审计检查。因此，以"揭露问题"为重点的国家审计监督对央企控股上市公司而言是一种较为强烈的"信号"，当央企集团要受到国家审计检查时，为避免因财务违规和激进会计行为而受到行政处罚甚至移交司法机关，上市公司管理层会更加谨慎，财务报告稳健性会更高。基于上述分析，我们提出假设如 H3-1 所示：

H3-1：国家审计能够改善央企控股上市公司的财务报告稳健性。

审计署对国有企业的审计监督具有不确定性，除了按照央企干部任免时间进行经济责任审计外，财务收支审计和专项调查审计具有时间的不确定性。从收集的样本来看，审计机关会对同一央企集团进行多次审计检查。通常，经过审计署一次审计后，由于后续审计时间的不确定性，管理层有动机在第一次审计完成后进行盈余管理，但也可能继续保持着财务报告的稳健性。而且，审计署多次关注某一央企，对财务报告稳健性的改善会产生"累加"的效果：一方面，"多次关注"有助于审计人员积累更多关于特定审计对象的知识和经验，熟悉企业存在的问题，随着问题不断的暴露和改进，遗留问题也会越来越少。另一方面，"多次关注"作为更加强烈的监督信号，会更加显著地约束管理层过分乐观的财务报告行为，因此下属上市公司的财务报告稳健性会更高。基于上述分析，我们提出假设如 H3-2 所示：

H3-2：与审计署一次审计检查后相比，审计署二次审计检查后样本公司的财务报告稳健性更高。

第三节 数据来源与研究设计

一、数据来源

基于审计署2010~2014年发布的央企集团财务收支和专项调查审计结果公告,我们手工整理了这些央企集团控制的上市公司,以此作为本章的研究样本。其中有一部分样本为审计结果公告中明确提及的延伸审计到的上市公司,其他样本则通过年报、集团主页和网络查询获得。

财务收支审计对象信息来自审计署官网发布的审计结果公告,利润分配和投资情况专项调查对象信息来自审计署《关于2012年度中央预算执行和其他财政收支的审计工作报告》。为获得控股上市公司的财务数据,要求公司上市时点应早于集团被审计时点。同时,我们剔除港股、B股、金融行业上市公司,得到被审观测数为274,涉及172家央企控股上市公司,其中76家上市公司的母公司集团被审计署审计1次,90家上市公司的母公司集团被审计署审计2次,6家上市公司的母公司集团被审计署审计3次。被审样本年份构成及审计署审计次数统计分别如表3-1、表3-2所示。其中,财务收支审计样本的"被审年度""介入年度""公告年度"的界定如下:介入年度滞后于被审年度,公告年度又滞后于介入年度,如2014年第19号公告"审计署2013年对中国冶金科工集团有限公司2012年度财务收支进行了审计",被审年度为2012年,介入年度为2013年,公告年度为2014年;53户央企专项调查情况的工作报告在2013年6

月 27 日在第十二届全国人民代表大会常务委员会第三次会议上公告，由于其关注了 53 户骨干央企截至 2012 年底的资产收益、投资、利润分配情况，我们认为 53 户央企的被审年度为 2012 年，介入年度和公告年度为 2013 年。

表 3-1 被审样本年份构成

审计类别	被审年度	介入年度	公告年度	被审央企集团	被审上市公司观测数
财务收支审计	2008	2009	2010	中国华电集团、铝业公司等 10 户央企	17
	2009	2010	2011	招商局地产控股、中粮集团等 14 户央企	31
	2010	2011	2012	中国农业发展集团、中煤能源集团等 15 户央企	52
	2011	2012	2013	国家开发投资公司、中国五矿集团等 10 户央企	17
	2012	2013	2014	冶金科工集团、华润集团等 12 户央企	42
专项调查审计	2012	2013	2013	53 户央企专项调查①	115
合计	—	—		61 户央企财务收支审计及 53 户央企专项调查审计	274

表 3-2 被审样本审计次数统计

审计署审计次数	1	2	3	合计
所涉上市公司数	76	90	6	172
观测数	76	180	18	274

本章所使用的实际控制人类型、财务指标、市场回报率及其他所有数

---

① 专项调查共涉及 156 个下属上市子公司，其中有 41 家公司同时接受财务收支审计，此处列示时只在财务收支审计中统计 1 次。

据均来自CSMAR数据库。为消除极端值的影响，对回归中的连续变量按1%进行了缩尾处理。

二、研究设计

（一）倾向值得分匹配（PSM）和双重差分模型（DID）

社会科学对于因果关系的关注使倾向值得分匹配的方法受到越来越多的重视（Smith，1997；Morgan & Harding，2006）。Rosenbaum和Rubin（1983）最早提出"倾向值"的概念，认为倾向值指被研究的个体在控制可观测到的混淆变量的情况下受到某种自变量影响的条件概率。他们用数理方法证明：将这些混淆变量纳入Logistic回归模型可产生一个预测个体受到自变量影响的概率（倾向值）。研究者可以通过控制倾向值来遏制选择性误差对研究结论的影响从而保证因果结论的可靠性。

双重差分模型（DID）多用于计量经济学中对公共政策或项目实施效果的定量评估。大范围的公共政策难以保证对于政策实施组和对照组在样本分配上的完全随机。不同组间样本在政策实施前可能存在事前差异，仅通过单一前后对比或横向对比的分析方法会忽略这种差异，继而导致对政策实施效果的有偏估计。DID模型正是基于自然试验得到的数据，通过建模来有效控制研究对象间的事前差异，将政策影响的真正结果有效分离出来。

因此，为控制公司自身特征、审计署选择与会计信息质量之间潜在的内生性问题，我们运用PSM方法为被审样本每一年的观测值选择配对观测值，采用双重差分（DID）的研究设计检验实证结果。

首先，构建被审样本时间序列上的纵向数据集。定义变量"Post"如下：对于接受1次审计检查的76家上市公司取其"被审年度前两年"Post=0,"被审年度"及"介入年度"Post=1。对于接受2次或3次审计检查的96家上市公司,若其一次审计的"被审年度""介入年度"与二次审计的"被审年度前两年"无交叉,则对每次审计检查,分别取其"被审年度前两年"Post=0,"被审年度"及"介入年度"Post=1;若其一次审计的"被审年度""介入年度"与二次审计的"被审年度前两年"有交叉,考虑到前一次审计检查的影响。则交叉年份的取值以前一次审计下的定义规则为准,被审样本纵向初始观测数为924,剔除被审年份小于上市年度的观测,共有908个观测值。

其次,运用PSM方法为被审样本每一年的观测选择配对观测。在最终控制人同为国企或国有机构的前提下,我们希望选出与被审样本在公司特征方面最为接近,但未被审计署审计的观测作为配对观测:用上一期的测试变量对Probit模型(即审计署审计概率的影响因素模型)回归,根据模型预测值计算出每个公司每年的倾向值得分(表示被审计署审计的概率),对每个样本观测匹配与其年度和行业(2001年证监会行业分类标准:一级行业大类)相同、倾向值得分最接近,但母公司在对应年份未被审计署审计的观测。被审观测构成样本组(Audit=1),配对观测构成对照组(Audit=0)。配对观测Post变量取值与其对应被审观测Post取值相同。用于PSM的Probit模型(3-1)如下:

$$\Phi^{-1}(prob(audit=1))_{i,t} = \alpha_0 + \alpha_1 Size_{i,t-1} + \alpha_2 Lev_{i,t-1} + \alpha_3 ROA_{i,t-1} +$$
$$\alpha_4 Turnover_{i,t-1} + \alpha_5 OP_{i,t-1} +$$
$$\alpha_6 AuditFirm_{i,t-1} + \alpha_7 lnFee_{i,t-1} + \alpha_8 Concentrate_{i,t-1} +$$
$$\alpha_9 Balance_{i,t-1} + \alpha_{10} Manager_{i,t-1} + \alpha_{11} Indep_{i,t-1} +$$
$$\alpha_{12} Board_{i,t-1} + \alpha_{13} Super_{i,t-1} + \alpha_{14} Bothpost_{i,t-1} +$$
$$Year \& Industry\ Fixed\ Effects + \varepsilon_{i,t} \quad (3-1)$$

其中，Φ^{-1} 为标准正态分布累积分布函数的逆函数；$Size_{i,t-1}$ 为公司上一期期末总资产自然对数；$Lev_{i,t-1}$ 为公司上一期总资产负债率（总负债/年末总资产）；$ROA_{i,t-1}$ 为公司上一期总资产收益率（净利润/年末总资产）；$Turnover_{i,t-1}$ 为公司上一期总资产周转率（营业收入/年末总资产）；$OP_{i,t-1}$ 为公司上一期会计事务所审计意见（当审计师出具"标准无保留审计意见"时，取值为0；当审计师出具"无保留审计意见加事项段"时，取值为1；当审计师出具"保留意见"或"保留意见加事项段"时，取值为2；当审计师出具"无法发表意见"或"否定意见"时，取值为3）；$AuditFirm_{i,t-1}$ 为公司上一期聘任的会计事务所类型（若为该年度国内前十大会计师事务所[①]，取值为1，否则为0）；$lnFee_{i,t-1}$ 为公司上一期国内审计费用自然对数；$Concentrate_{i,t-1}$ 为股权集中度指标（公司上一期第1大股东持股比例）；$Balance_{i,t-1}$ 为股权制衡度指标（公司上一期第2~5大股东持股比例之和/第1大股东持股比例）；$Manager_{i,t-1}$ 为公司上一期管理层持股比例；$Indep_{i,t-1}$ 为公司上一期独立董事的比例（独立董事人数/董事会人数）；$Board_{i,t-1}$ 为公司上一期董事会人数的平方根；$Super_{i,t-1}$ 为公司上一期监事会人数的平方根；$Bothpost_{i,t-1}$ 为公司上一期董事长与总经理是否兼任（兼任取1，否则取0）；Year 和 Industry Fixed Effects 分别为年度固定效应和行业固定效应，行业固定效应以2001年证监会行业分类标准为准。

去除 Probit 模型中缺失变量个体，共得到742组观测。为保证较为理想的配对结果，将倾向值得分差异大于1%的极端配对删除，共得到616组观测。为检验匹配的有效性，对 Probit 模型中的测试变量进行均值检验（平衡测试），检验结果如表3-3所示，表中显示样本组和对照组在可观察到的公司特征变量上无显著差异。

---

① 国内前十大会计事务所名单依照中国注协会计师协会每年公布的事务所排名而定。

表 3-3 PSM 配对有效性检验

变量	均值		均值差异	p 值
	Audit = 1	Audit = 0		
$Size_{i,t-1}$	22.4525	22.4605	-0.0080	0.8805
$Lev_{i,t-1}$	0.5224	0.5070	0.0154	0.1784
$ROA_{i,t-1}$	0.0311	0.0389	-0.0077***	0.0078
$Turnover_{i,t-1}$	0.8134	0.7571	0.0564**	0.0453
$OP_{i,t-1}$	0.0308	0.0227	0.0081	0.4462
$AuditFirm_{i,t-1}$	0.5731	0.5584	0.0146	0.4390
$lnFee_{i,t-1}$	13.5895	13.5547	0.0348	0.3712
$Concentrate_{i,t-1}$	0.4200	0.4190	0.0011	0.8891
$Balance_{i,t-1}$	0.4154	0.4355	-0.0202	0.4568
$Manager_{i,t-1}$	0.0029	0.0022	0.0006	0.5320
$Indep_{i,t-1}$	0.3621	0.3654	-0.0033	0.2529
$Board_{i,t-1}$	3.1030	3.1013	0.0017	0.9194
$Super_{i,t-1}$	2.0388	2.0468	-0.0080	0.6625
$Bothpost_{i,t-1}$	0.0536	0.0568	-0.0032	0.7997

(二) 检验模型

1. H3-1 的检验

我们采用被广泛使用的 Basu (1997) 模型来计量财务报告稳健性，借鉴 Krishnan (2005)、刘峰和周福源 (2007)、王兵等 (2011) 的做法，将 Post、Audit 哑变量加入模型中，采用双重差分的研究设计，建立模型 (3-2) 检验 H3-1：

$$X_{i,t}/P_{i,t-1} = \beta_0 + \beta_1 DR_{i,t} + \beta_2 R_{i,t} + \beta_3 DR_{i,t} \times R_{i,t} + \beta_4 Audit_{i,t} + \beta_5 DR_{i,t} \times Audit_{i,t} + \beta_6 R_{i,t} \times Audit_{i,t} + \beta_7 DR_{i,t} \times R_{i,t} \times Audit_{i,t} + \beta_8 Post_{i,t} + \beta_9 DR_{i,t} \times Post_{i,t} + \beta_{10} R_{i,t} \times Post_{i,t} + \beta_{11} DR_{i,t} \times$$

$$R_{i,t} \times Post_{i,t} + \beta_{12} Audit_{i,t} \times Post_{i,t} + \beta_{13} DR_{i,t} \times Audit_{i,t} \times$$
$$Post_{i,t} + \beta_{14} R_{i,t} \times Audit_{i,t} \times Post_{i,t} + \beta_{15} DR_{i,t} \times R_{i,t} \times$$
$$Audit_{i,t} \times Post_{i,t} + Year \& Industry\ Fixed\ Effects + \varepsilon_{i,t} \quad (3-2)$$

其中，$X_{i,t}$为公司i在t年的每股收益，$P_{i,t-1}$为公司i在t年4月底考虑现金分红的收盘价，$X_{i,t}/P_{i,t-1}$为经年度样本均值调整后的每股收益/收盘价比；$R_{i,t}$为公司i在t期间经市场调整后的超额回报率，为公司i当年4月至下年5月股票月回报率计算得到的Buy-and-Hold收益率，减去市场当年4月至下年5月等权平均月回报率计算得到的Buy-and-Hold收益率；$DR_{i,t}=1$表示$R_{i,t}<0$，$DR_{i,t}=0$表示$R_{i,t}\geq 0$；$Audit_{i,t}$取值为1，表示被审观测，取值为0，表示配对观测；$Post_{i,t}$取值为1，表示被审年度和介入年度观测，取值为0，被审年度前一年和前两年观测；Year Fixed Effects为年份固定效应；Industry Fixed Effects为行业固定效应，行业哑变量的取值，以证监会2001年行业代码为标准，除制造业取前两位数字代码外，其他均取首位字母代码。

模型（2）中β_3的系数应为正，表示会计盈余对"坏消息"的反应程度大于对"好消息"的反应程度。交叉项$DR_{i,t} \times R_{i,t} \times Audit_{i,t}$的系数$\beta_7$表示审计署审计前，样本组和对照组财务报告稳健性的差异。交叉项$DR_{i,t} \times R_{i,t} \times Post_{i,t}$的系数$\beta_{11}$表示与审计前相比，审计署审计后，未被审计署关注的公司（即对照组）财务报告稳健性的客观变化。交叉项$DR_{i,t} \times R_{i,t} \times Audit_{i,t} \times Post_{i,t}$的系数$\beta_{15}$则为本章关注的系数指标，表示与审计署审计前相比，审计署开展审计后，样本组财务报告稳健性相对于对照组的增量变化。

2. H3-2的检验

为检验H3-2，即比较审计署一次审计和二次审计后，被审样本财务报告稳健性的差异，定义变量"Second"。由于在我们的样本范围内，接受3次审计检查的公司只有6家，因此我们不考虑审计署的第3次审计。定义样本范围内首次接受审计检查的样本包括接受1次审计检查的76家公司、接受2次或3次审计检查的第1次审计检查的公司（90家+6家）；定义样本范围内二次接受审计检查的样本包括接受2次或3次审计检查的第2次审计检查的公司（90家+6家）。首次接受审计检查的样本观测定义Second=0，二次接受审计检查的样本观测定义Second=1，取两次审计检查的被审年度进行对比。配对观测Second取值与其对应样本观测Second取值相同。建立模型（3-3）如下：

$$X_{i,t}/P_{i,t-1} = \gamma_0 + \gamma_1 DR_{i,t} + \gamma_2 R_{i,t} + \gamma_3 DR_{i,t} \times R_{i,t} + \gamma_4 Audit_{i,t} + \gamma_5 DR_{i,t} \times Audit_{i,t} + \gamma_6 R_{i,t} \times Audit_{i,t} + \gamma_7 DR_{i,t} \times R_{i,t} \times Audit_{i,t} + \gamma_8 Second_{i,t} + \gamma_9 DR_{i,t} \times Second_{i,t} + \gamma_{10} R_{i,t} \times Second_{i,t} + \gamma_{11} DR_{i,t} \times R_{i,t} \times Second_{i,t} + \gamma_{12} Audit_{i,t} \times Second_{i,t} + \gamma_{13} DR_{i,t} \times Audit_{i,t} \times Second_{i,t} + \gamma_{14} R_{i,t} \times Audit_{i,t} \times Second_{i,t} + \gamma_{15} DR_{i,t} \times R_{i,t} \times Audit_{i,t} \times Second_{i,t} + Year \& Industry\ Fixed\ Effects + \varepsilon_{i,t} \quad (3-3)$$

其中，$X_{i,t}$为公司i在t年的每股收益；$P_{i,t-1}$为公司i在t年4月底考虑现金分红的收盘价；$X_{i,t}/P_{i,t-1}$为经年度样本均值调整后的每股收益/收盘价比；$R_{i,t}$为公司i在t期间经市场调整后的超额回报率，为公司i当年4月至下年5月股票月回报率计算得到的Buy-and-Hold收益率，减去市场当年4月至下年5月等权平均月回报率计算得到的Buy-and-Hold收益率；$DR_{i,t}=1$表示$R_{i,t}<0$，$DR_{i,t}=0$表示$R_{i,t}\geqslant 0$；$Audit_{i,t}$取值为1，表示被审观测，取值为0，表示配对观测；$Second_{i,t}$取值为1，表示二次接受审计署审计，取值为0，表示首次接受审计署审计；Year Fixed Effects和Industry Fixed Effects为年度固定效应和行业固定效应。

模型（3-3）中交叉项$DR_{i,t} \times R_{i,t} \times Audit_{i,t}$的系数$\gamma_7$表示审计署一次审计后，样本组和对照组财务报告稳健性的差异。交叉项$DR_{i,t} \times R_{i,t} \times Second_{i,t}$的系数$\gamma_{11}$表示与一次审计相比，审计署二次审计后，未被审计署关注的公司（即对照组）财务报告稳健性的客观变化。交叉项$DR_{i,t} \times R_{i,t} \times Audit_{i,t} \times Second_{i,t}$的系数$\gamma_{15}$则为本章关注的系数指标，表示与审计署一次审计相比，审计署二次审计后,样本组财务报告稳健性相对于对照组的增量变化。

第四节 实证结果

一、单变量分析

表 3-4 是变量描述性统计情况。Panel A 是针对 H3-1 的描述性统计,列示了审计署开展审计工作前、后,样本组(Audit=1)与对照组(Audit=0)主要变量的描述性统计情况。可以看到,审计前样本组 E/P 均值为 0.0028,超额回报率均值为 -0.0150,超额回报率为负的比例为 59.33%;对照组 E/P 均值为 0.0011,超额回报率均值为 -0.0660,超额回报率为负的比例为 70.48%。样本组的 E/P 均值、超额回报率均值高于对照组,超额回报率为负的比例低于对照组。审计后样本组 E/P 均值为 0.0022,超额回报率均值为 -0.0675,超额回报率为负的比例为 67.61%;对照组 E/P 均值为 0.0069,超额回报率均值为 -0.0420,超额回报率为负的比例为 64.97%。样本组的 E/P 均值、超额回报率均值低于对照组、超额回报率为负的比例高于对照组。为考察子样本稳健性差异,我们对样本组和对照组在审计前、后分别进行如模型(3-4)所示的回归,并对其稳健性差异是否显著运用模型(3-5)进行检验。①

---

① 模型(3-4)针对子样本(Post=0/1 且 Audit=0/1)进行回归,得到各个子样本的稳健性系数;模型(3-5)针对子样本(Post=0/1)进行回归,即回归样本同时包含样本组和对照组,从而通过判断系数 β_5 是否显著来判断审计前/后样本组和对照组稳健性差异是否显著。

表 3-4 变量描述性统计

Panel A H3-1

	变量	Audit = 1				Audit = 0			
		均值	中位数	最小值	最大值	均值	中位数	最小值	最大值
审计署审计前 (Post = 0)	$X_{i,t}/P_{i,t-1}$	0.0028	0.0015	-0.1840	0.1051	0.0011	0.0027	-0.2183	0.0803
	$R_{i,t}$	-0.0150	-0.0783	-0.7585	1.3117	-0.0660	-0.1186	-0.7585	1.2655
	$DR_{i,t}$	0.5933	1	0	1	0.7048	1	0	1
	β_3	-0.0104				0.0200			
	$\beta_{13}-\beta_3$	-0.0534^{**} (p=0.0266)							
审计署审计后 (Post = 1)	$X_{i,t}/P_{i,t-1}$	0.0022	0.0058	-0.2183	0.1051	0.0069	0.0077	-0.2183	0.1051
	$R_{i,t}$	-0.0675	-0.1310	-0.7585	1.3117	-0.0420	-0.1088	-0.7585	1.3117
	$DR_{i,t}$	0.6761	1	0	1	0.6497	1	0	1
	β_3	0.0846				0.0273			
	$\beta_{13}-\beta_3$	0.0402^{*} (p=0.0501)							

续表

Panel B H3-2

	变量	Audit=1				Audit=0			
		均值	中位数	最小值	最大值	均值	中位数	最小值	最大值
审计署首次审计检查 (Second=0)	$X_{i,t}/P_{i,t-1}$	-0.0082	-0.0090	-0.2528	0.0740	0.0077	0.0132	-0.0715	0.0589
	$R_{i,t}$	-0.1124	-0.1872	-0.5207	1.1793	-0.0891	-0.1749	-0.4319	0.9993
	$DR_{i,t}$	0.7544	1	0	1	0.7759	1	0	1
	β_3	0.0559				0.1115			
	$\beta_{13}-\beta_3$	-0.0156（p=0.7394）							
审计署二次审计检查 (Second=1)	$X_{i,t}/P_{i,t-1}$	0.0072	0.0140	-0.2577	0.1073	-0.0026	0.0154	-0.2577	0.1073
	$R_{i,t}$	-0.0717	-0.1665	-0.4569	1.1793	-0.0346	-0.0388	-0.4648	0.8381
	$DR_{i,t}$	0.7143	1	0	1	0.5915	1	0	1
	β_3	0.1680				-0.1257			
	$\beta_{13}-\beta_3$	0.1504*（p=0.0982）							

注：*** 表示在1%的水平下显著不为0，** 表示在5%的水平下显著不为0，* 表示在10%的水平下显著不为0。

$$X_{i,t}/P_{i,t-1} = \beta_0 + \beta_1 DR_{i,t} + \beta_2 R_{i,t} + \beta_3 DR_{i,t} \times R_{i,t} + \varepsilon_{i,t} \qquad (3-4)$$

$$X_{i,t}/P_{i,t-1} = \beta_0 + \beta_1 DR_{i,t} + \beta_2 R_{i,t} + \beta_3 DR_{i,t} \times R_{i,t} + \beta_4 Audit_{i,t} + \\ \beta_5 DR_{i,t} \times R_{i,t} \times Audit_{i,t} + \varepsilon_{i,t} \qquad (3-5)$$

表3-4中"β_3"行报告了样本组、对照组在审计前、后的稳健性系数，"$\beta_{13}-\beta_3$"行则是通过判断模型5中"β_5"系数是否显著不为0来判断样本组、对照组的稳健性系数差异是否显著。从表3-4中可知，审计前，样本组的稳健性系数为-0.0104，对照组的稳健性系数为0.0200，样本组稳健性显著低于对照组稳健性；审计后，样本组的稳健性系数为0.0846，对照组的稳健性系数为0.0273，样本组稳健性显著高于对照组稳健性。说明审计署审计检查后，样本组稳健性相对于对照组有所提高。

Panel B 是针对H3-2的描述性统计，列示了审计署一次审计检查、二次审计检查后，样本组（Audit=1）与对照组（Audit=0）主要变量的描述性统计情况。可以看到，审计署一次检查后，样本组E/P均值为-0.0082，超额回报率均值为-0.1124，超额回报率为负的比例为75.44%；对照组E/P均值为0.0077，超额回报率均值为-0.0891，超额回报率为负的比例为77.59%。样本组的E/P均值、超额回报率均值、超额回报率为负的比例均低于对照组。审计署二次检查后样本组E/P均值为0.0072，超额回报率均值为-0.0717，超额回报率为负的比例为71.43%；对照组E/P均值为-0.0026，超额回报率均值为-0.0346，超额回报率为负的比例为59.15%。样本组的E/P均值高于对照组，超额回报率均值低于对照组，超额回报率为负的比例高于对照组。同样，我们对样本组和对照组在审计署一次审计检查、二次审计检查后分别进行如模型（3-4）所示的回归，并对其稳健性差异是否显著运用模型（3-5）进行检验。从表3-4中可以看出，审计署一次检查后，样本组的稳健性系数为0.0559，对照组的稳健性系数为0.1115，两者无显著差异；审计署二次检查后，样本组的稳健性系数为 0.1680，对照组的稳健性系数为 -0.1257，样本组稳健性高于对照组稳健性（显著性边缘）。说明与审计署一次审计检查相比，审计署二次审计检查后，样本组稳健性相对于对照组有所提高。

二、回归分析

（一）对 H3-1 的检验

表 3-5 报告了模型（3-2）的回归结果。从表中可知，$DR_{i,t} \times R_{i,t} \times Audit_{i,t}$ 系数显著为负，说明在审计署审计检查前，被审样本组的稳健性低于对照组，与描述性统计分析的结果一致。交叉项 $DR_{i,t} \times R_{i,t} \times Audit_{i,t} \times Post_{i,t}$ 系数则显著为正，说明与审计署审计检查前相比，审计署审计检查后，被审样本相对于配对样本的稳健性显著提高。即国家审计能够改善央企控股上市公司的财务报告稳健性，H3-1 得到验证。

表 3-5　审计前后稳健性对比

变　量	系数	t 值
Constant	0.0753***	5.91
$DR_{i,t}$	0.0005	0.06
$R_{i,t}$	0.0028	0.29
$DR_{i,t} \times R_{i,t}$	0.0389	1.42
$Audit_{i,t}$	-0.0120*	-1.72
$DR_{i,t} \times Audit_{i,t}$	0.0018	0.18
$R_{i,t} \times Audit_{i,t}$	0.0147	1.01
$DR_{i,t} \times R_{i,t} \times Audit_{i,t}$	-0.0783**	-2.35
$Post_{i,t}$	0.0014	0.16

续表

变 量	系数	t 值
$DR_{i,t} \times Post_{i,t}$	-0.0070	-0.60
$R_{i,t} \times Post_{i,t}$	-0.0098	-0.53
$DR_{i,t} \times R_{i,t} \times Post_{i,t}$	0.0029	0.08
$Audit_{i,t} \times Post_{i,t}$	0.0142	1.38
$DR_{i,t} \times Audit_{i,t} \times Post_{i,t}$	-0.0006	-0.04
$R_{i,t} \times Audit_{i,t} \times Post_{i,t}$	-0.0138	-0.59
$DR_{i,t} \times R_{i,t} \times Audit_{i,t} \times Post_{i,t}$	0.1214***	2.63
Year & Industry	Control	
N	1104	
Adjusted R^2	9.09%	

注：模型（3-2）中连续变量已经过缩尾处理（1%，99%）；*** 表示在1%的水平下显著不为0，** 表示在5%的水平下显著不为0，* 表示在10%的水平下显著不为0；t 值为经 White 异方差修正后的稳健 t 值。

（二）对 H3-2 的检验

为探究审计署一次审计检查、二次审计检查对被审公司财务报告稳健性影响的差异，以考察审计署多次审计检查是否起到应有的效果，我们对模型（3-3）进行实证检验，并考虑不同类型会计师事务所的差异，回归结果如表 3-6 所示。

表 3-6 两次审计检查稳健性对比

变 量	系数	t 值
Constant	0.0850***	3.09
$DR_{i,t}$	-0.0036	-0.16
$R_{i,t}$	-0.1459*	-1.71

续表

变　量	系数	t 值
$DR_{i,t} \times R_{i,t}$	0.2409**	2.45
$Audit_{i,t}$	-0.0208	-0.99
$DR_{i,t} \times Audit_{i,t}$	0.0032	0.13
$R_{i,t} \times Audit_{i,t}$	0.1736*	1.92
$DR_{i,t} \times R_{i,t} \times Audit_{i,t}$	-0.2165**	-2.01
$Second_{i,t}$	-0.0037	-0.16
$DR_{i,t} \times Second_{i,t}$	-0.0448	-1.35
$R_{i,t} \times Second_{i,t}$	0.1473	1.60
$DR_{i,t} \times R_{i,t} \times Second_{i,t}$	-0.2760**	-2.12
$Audit_{i,t} \times Second_{i,t}$	0.0200	0.61
$DR_{i,t} \times Audit_{i,t} \times Second_{i,t}$	0.0509	1.11
$R_{i,t} \times Audit_{i,t} \times Second_{i,t}$	-0.1447	-1.43
$DR_{i,t} \times R_{i,t} \times Audit_{i,t} \times Second_{i,t}$	0.3869**	2.27
Year & Industry	Control	
N	324	
Adjusted R^2	13.73%	

注：模型（3-3）中连续变量已经过缩尾处理（1%，99%）；*** 表示在1%的水平下显著不为0，** 表示在5%的水平下显著不为0，* 表示在10%的水平下显著不为0；t 值为经 White 异方差修正后的稳健 t 值；由于样本量限制，"四大"组回归模型调整R^2为负且各变量均不显著。

由表3-6可知，$DR_{i,t} \times R_{i,t} \times Audit_{i,t}$系数显著为负，说明审计署一次审计后，样本组财务报告稳健性低于对照组财务报告稳健性，这与表3-4 Panel B 描述性统计分析中审计署一次审计后，样本组稳健性系数为0.0559、对照组稳健性系数为0.1115相符合。$DR_{i,t} \times R_{i,t} \times Second_{i,t}$系数显著为负，说明与一次审计相比，审计署二次审计后，对照组自身的稳健性降低，这与表3-4 Panel B 描述性统计分析中对照组在审计署一次审计检查后稳健性系数为正（0.1115）、审计署二次审计检查后稳健性系数为负

(-0.1257) 相一致。交叉项 $DR_{i,t} \times R_{i,t} \times Audit_{i,t} \times Second_{i,t}$ 系数则显著为正，说明与一次审计相比，审计署二次审计后，样本组财务报告稳健性相对于对照组有所提高。即审计署二次审计检查能够起到进一步改善财务报告稳健性的作用，H3-2 得到验证。

因此，结合表3-5、表3-6可知，国家审计能够提高央企控股上市公司的财务报告稳健性，且多次审计检查能够起到进一步改善报表质量的效果。国家审计能够优化上市公司的会计信息质量，约束管理层过分乐观的财务报告行为，提高财务报表稳健性。虽然从近几年的审计现状看，审计署每年审计央企都会出现资产、利润不实等会计信息失真现象，但从财务报告稳健性角度看，二次审计的效果还是优于一次审计的，说明审计署多次审计检查能够起到进一步改善会计信息质量的作用。

三、稳健性检验

（一）更换稳健性计量指标

为减少稳健性指标的计量误差，模型中的 $R_{i,t}$ 除采用经市场调整的 Buy-and-Hold 收益率外，我们还采用经市场调整的累计回报率及未经市场调整的 Buy-and-Hold 收益率进行计算，结果分别如表3-7、表3-8所示。在采用经市场调整的累积回报率计量稳健性时，H3-1、H3-2 均能得到与本章一致的结论。在采用未经市场调整的 Buy-and-Hold 收益率计量稳健性时，H3-1 能够得到验证，在验证 H3-2 即进行两次审计效果对比时，样本整体系数为正但不显著。因此，采用不同收益率计算会计稳健性，基本能够得到与本章一致的结论。

表 3-7 采用经市场调整的累计收益率计算

Panel A 审计前后稳健性对比		
变量	系数	t 值
Constant	0.0428***	4.01
$DR_{i,t}$	−0.0005	−0.05
$R_{i,t}$	0.0027	0.17
$DR_{i,t} \times R_{i,t}$	0.0240	0.80
$Audit_{i,t}$	−0.0094	−1.10
$DR_{i,t} \times Audit_{i,t}$	0.0042	0.37
$R_{i,t} \times Audit_{i,t}$	0.0138	0.67
$DR_{i,t} \times R_{i,t} \times Audit_{i,t}$	−0.0689*	−1.66
$Post_{i,t}$	0.0053	0.45
$DR_{i,t} \times Post_{i,t}$	−0.0366	−1.09
$R_{i,t} \times Post_{i,t}$	−0.0079	−0.27
$DR_{i,t} \times R_{i,t} \times Post_{i,t}$	−0.0625	−0.70
$Audit_{i,t} \times Post_{i,t}$	0.0161	1.36
$DR_{i,t} \times Audit_{i,t} \times Post_{i,t}$	0.0214	0.59
$R_{i,t} \times Audit_{i,t} \times Post_{i,t}$	−0.0169	−0.51
$DR_{i,t} \times R_{i,t} \times Audit_{i,t} \times Post_{i,t}$	0.1863**	1.98
Year & Industry	Control	
N	1104	
Adjusted R^2	3.64%	
Panel B 两次审计检查稳健性对比		
变量	系数	t 值
Constant	0.0408	1.50
$DR_{i,t}$	−0.0391*	−1.90

续表

变 量	系数	t 值
$R_{i,t}$	-0.1894*	-1.75
$DR_{i,t} \times R_{i,t}$	0.1929*	1.65
$Audit_{i,t}$	-0.0281	-1.48
$DR_{i,t} \times Audit_{i,t}$	0.0334	1.38
$R_{i,t} \times Audit_{i,t}$	0.2062*	1.84
$DR_{i,t} \times R_{i,t} \times Audit_{i,t}$	-0.1483	-1.11
$Post_{i,t}$	-0.0398	-1.50
$DR_{i,t} \times Post_{i,t}$	0.0103	0.28
$R_{i,t} \times Post_{i,t}$	0.2325**	2.00
$DR_{i,t} \times R_{i,t} \times Post_{i,t}$	-0.2943**	-2.24
$Audit_{i,t} \times Post_{i,t}$	0.0485	1.39
$DR_{i,t} \times Audit_{i,t} \times Post_{i,t}$	0.0077	0.16
$R_{i,t} \times Audit_{i,t} \times Post_{i,t}$	-0.2164*	-1.72
$DR_{i,t} \times R_{i,t} \times Audit_{i,t} \times Post_{i,t}$	0.3712**	2.11
Year & Industry	Control	
N	324	
Adjusted R^2	14.07%	

注：连续变量已经过缩尾处理（1%，99%）；*** 表示在1%的水平下显著不为0，** 表示在5%的水平下显著不为0，* 表示在10%的水平下显著不为0；t 值为经 White 异方差修正后的稳健 t 值。

表3-7中Panel A是审计前后稳健性对比的结果，如表中系数所示为0.1863，在5%水平显著，说明国家审计后显著改进了财务报告的稳健性。Panel B是两次审计检查的回归结果，表中我们关注的系数为0.3712，也在5%水平下显著，说明二次审计进一步改进了财务报告的稳健性。

表 3-8　采用未经市场调整的 Buy-and-Hold 收益率计算

Panel A 审计前后稳健性对比		
变　量	系数	t 值
Constant	0.0605***	5.97
$DR_{i,t}$	0.0076	0.71
$R_{i,t}$	0.0237*	1.83
$DR_{i,t} \times R_{i,t}$	−0.0000	−0.00
$Audit_{i,t}$	0.0137	1.50
$DR_{i,t} \times Audit_{i,t}$	−0.0284**	−2.30
$R_{i,t} \times Audit_{i,t}$	−0.0191	−1.11
$DR_{i,t} \times R_{i,t} \times Audit_{i,t}$	−0.0275	−0.72
$Post_{i,t}$	−0.0121	−0.42
$DR_{i,t} \times Post_{i,t}$	0.0193	0.54
$R_{i,t} \times Post_{i,t}$	−0.0062	−0.13
$DR_{i,t} \times R_{i,t} \times Post_{i,t}$	0.0387	0.65
$Audit_{i,t} \times Post_{i,t}$	0.0170	0.47
$DR_{i,t} \times Audit_{i,t} \times Post_{i,t}$	0.0096	0.25
$R_{i,t} \times Audit_{i,t} \times Post_{i,t}$	0.0072	0.15
$DR_{i,t} \times R_{i,t} \times Audit_{i,t} \times Post_{i,t}$	0.1362*	1.82
Year & Industry	Control	
N	1104	
Adjusted R^2	3.90%	
Panel B 两次审计检查稳健性对比		
变　量	系数	t 值
Constant	0.0678**	2.02
$DR_{i,t}$	−0.0242	−0.87
$R_{i,t}$	−0.1394	−1.41

续表

变　量	系数	t 值
$DR_{i,t} \times R_{i,t}$	0.1607	1.49
$Audit_{i,t}$	−0.0205	−0.74
$DR_{i,t} \times Audit_{i,t}$	0.0319	0.97
$R_{i,t} \times Audit_{i,t}$	0.1681	1.59
$DR_{i,t} \times R_{i,t} \times Audit_{i,t}$	−0.0288	−0.22
$Post_{i,t}$	−0.0268	−0.93
$DR_{i,t} \times Post_{i,t}$	0.0086	0.24
$R_{i,t} \times Post_{i,t}$	0.1692*	1.67
$DR_{i,t} \times R_{i,t} \times Post_{i,t}$	−0.1451	−1.09
$Audit_{i,t} \times Post_{i,t}$	0.0460	1.18
$DR_{i,t} \times Audit_{i,t} \times Post_{i,t}$	−0.0209	−0.40
$R_{i,t} \times Audit_{i,t} \times Post_{i,t}$	−0.1801	−1.59
$DR_{i,t} \times R_{i,t} \times Audit_{i,t} \times Post_{i,t}$	0.1464	0.82
Year & Industry	Control	
N	324	
Adjusted R^2	18.51%	

注：连续变量已经过缩尾处理（1%，99%）；*** 表示在1%的水平下显著不为0，** 表示在5%的水平下显著不为0，* 表示在10%的水平下显著不为0；t 值为经 White 异方差修正后的稳健 t 值。

表3-8为未经市场调整的 Buy-and-Hold 收益率进行计算的回归结果，Panel A 是审计前后的稳健性对比，系数为0.1362，在10%水平下显著，说明经过回归审计后，财务及稳健性显著提高。

Panel B 两次审计检查的稳健性对比结果，回归的系数为0.1464，符号为正数，但并不显著。总体上看，采用在不同的计量方法下衡量收益率的检验，结果与上文的结论一致。

（二）改变两次审计稳健性对比的检验样本

在检验二次审计的效果是否优于首次审计时，我们通过两种方式调整检验样本：①剔除1次审计的样本，即只以审计署审计2次或3次的公司为样本。②剔除1次审计和3次审计的样本，即只考虑审计署审计2次的公司。两种调整方式下，均能得到一致结论（结果见表3-9），即审计署二次审计检查能够起到进一步改善会计信息质量的作用。

表3-9 两次审计检验稳健性对比—调整样本

Panel A 以审计署审计2次和3次的公司为样本		
变　量	系数	t 值
Constant	0.0547**	2.32
$DR_{i,t}$	0.0150	0.73
$R_{i,t}$	−0.0289	−0.96
$DR_{i,t} \times R_{i,t}$	0.1696**	2.55
$Audit_{i,t}$	−0.0085	−0.43
$DR_{i,t} \times Audit_{i,t}$	−0.0092	−0.37
$R_{i,t} \times Audit_{i,t}$	0.0067	0.14
$DR_{i,t} \times R_{i,t} \times Audit_{i,t}$	−0.0235	−0.29
$Post_{i,t}$	0.0141	0.44
$DR_{i,t} \times Post_{i,t}$	−0.0687	−1.61
$R_{i,t} \times Post_{i,t}$	0.0264	0.62
$DR_{i,t} \times R_{i,t} \times Post_{i,t}$	−0.2944**	−2.05
$Audit_{i,t} \times Post_{i,t}$	0.0241	0.73
$DR_{i,t} \times Audit_{i,t} \times Post_{i,t}$	0.0793	1.55
$R_{i,t} \times Audit_{i,t} \times Post_{i,t}$	0.0309	0.51
$DR_{i,t} \times R_{i,t} \times Audit_{i,t} \times Post_{i,t}$	0.3236*	1.78

续表

变　量	系数	t值
Year & Industry	Control	
N	250	
Adjusted R^2	5.36%	

Panel B 以审计署审计2次的公司为样本

变　量	系数	t值
Constant	0.0500*	1.97
$DR_{i,t}$	0.0215	0.97
$R_{i,t}$	-0.0225	-0.74
$DR_{i,t} \times R_{i,t}$	0.1645**	2.47
$Audit_{i,t}$	0.0007	0.03
$DR_{i,t} \times Audit_{i,t}$	-0.0176	-0.66
$R_{i,t} \times Audit_{i,t}$	-0.0023	-0.05
$DR_{i,t} \times R_{i,t} \times Audit_{i,t}$	-0.0124	-0.15
$Post_{i,t}$	0.0463	1.35
$DR_{i,t} \times Post_{i,t}$	-0.0781*	-1.74
$R_{i,t} \times Post_{i,t}$	0.0170	0.38
$DR_{i,t} \times R_{i,t} \times Post_{i,t}$	-0.2879**	-1.99
$Audit_{i,t} \times Post_{i,t}$	0.0124	0.35
$DR_{i,t} \times Audit_{i,t} \times Post_{i,t}$	0.0898*	1.69
$R_{i,t} \times Audit_{i,t} \times Post_{i,t}$	0.0439	0.71
$DR_{i,t} \times R_{i,t} \times Audit_{i,t} \times Post_{i,t}$	0.3045*	1.67
Year & Industry	Control	
N	240	
Adjusted R^2	5.14%	

注：连续变量已经过缩尾处理（1%，99%）；*** 表示在1%的水平下显著不为0，** 表示在5%的水平下显著不为0，* 表示在10%的水平下显著不为0；t值为经White异方差修正后的稳健t值。

Panel B 是以剔除 1 次审计和 3 次审计的样本，而只考虑审计署审计 2 次的公司，我们考察的系数为 0.3045，在 10% 水平下显著为正，表明二次审计显著改进了财务报告的稳健性。

第五节 研究结论

本章基于审计署 2010~2014 年发布的央企集团财务收支和专项调查审计公告，以央企控股上市公司为样本，从财务报告稳健性角度探究国家审计对上市公司会计信息质量的影响；同时考虑到央企控股上市公司的会计信息质量是国家审计和社会审计双重作用的结果，我们进一步探究在审计署审计检查背景下，不同类型的会计师事务所审计报表稳健性是否存在显著差异。研究发现：①国家审计能够改善控股上市公司的财务报告稳健性，即在审计署开展审计工作后，与配对公司和审计前相比，被审公司的财务报告稳健性提高。②审计署二次审计检查后被审公司的财务报告稳健性高于一次审计检查后的财务报告稳健性，说明审计署多次审计检查能够起到进一步改善上市公司会计信息质量的作用。

总体来看，本章的研究结果证实了审计署审计检查的有效性。这一结论有利于帮助监管部门和学术界更好地认识国家审计的作用边界，提示监管部门应加大对被审单位控股上市公司的监督力度和监督范围，促进国有上市公司会计信息质量持续、长久地提高。并且，随着新一轮国有企业改革深化和相关国家审计规范的执行，国家审计在国有企业财务报告治理中的作用会进一步凸显。当然，由于央企经济体量大，审计署审计的个数相对有限。未来的研究可以延长关注的时间区间长度，考察被审后三四年甚至更长区间内会计信息质量的变化,探究国家审计对会计信息质量作用的持续性情况,并根据审计结果公告的内容对被审计样本进行进一步分类,或进一步延伸至地方政府机关的治理作用,为国家审计对会计信息质量的影响进一步提供证据。

第四章

国家审计与
企业投资

第四章
国家审计与企业投资

本章考察国家审计对央企控股上市公司过度投资行为的影响。与上一章类似，本章基于审计署 2010~2014 年公布的央企财务收支和专项调查审计公告，通过倾向值得分匹配方法（PSM）和双重差分模型（DID），考察被审样本公司在国家审计前后过度投资水平的变化。通过研究发现，国家审计能够抑制公司过度投资行为，但与一次审计相比，二次审计对过度投资没有显著影响。本章的研究发现对理解国家审计之于国有企业的监督作用具有重要意义。

第一节 研究概述

国家审计是国家政治制度的重要组成部分，是依法用权力监督制约权力的制度安排（刘家义，2012），国家审计之于国有企业的作用在于维护国有资产安全、促进国有企业科学发展、加强对权力和责任的审计。[①] 其中，对重大投资决策、重大投资项目、资金使用、资源利用等相关权力和责任的监督，是国有企业健全权力运行机制的重要内容。但是，已有的实证研究较多关注国家审计对于国有企业绩效和盈余管理的作用（如蔡利和

---

① 相关内容可参考审计署官方网站：http://www.audit.gov.cn/n1992130/n1992364/n3642935/n3643074/index.html。

马可哪呐，2014；李江涛等，2015；陈宋生等，2013），缺乏对国家审计与国有企业投资行为的研究。

鉴于此，本章试图探讨国家审计对国有企业过度投资水平的影响。由于我国上市公司存在过度投资行为（唐雪松等，2007），企业的投资决策深受信息不对称和代理问题的影响（Stein，2001），在信息不对称和代理理论框架下，国有企业过度投资行为更为严重。因此，本章的研究视角在于考察国家审计是否能发挥对国有企业过度投资的抑制作用。

研究发现，国家审计与国有企业的过度投资水平呈负相关关系，表明国家能够抑制公司过度投资行为。进一步，在区分不同审计情况下，与一次审计相比，二次审计并没有进一步地抑制过度投资行为。说明就过度投资行为来看，审计署多次审计未能起到预期效果。

第二节 制度背景和文献回顾

一、制度背景

分析审计署官网发布的审计结果公告可知，央企普遍存在资产、负债、损益不实、投资决策失误和潜在损失严重等问题。除财务收支审计外，审计署2013年组织了对53户央企利润分配和投资情况的专项调查。其中，对53户央企的专项调查，揭示了部分企业投资管理不规范、创新机制不完善、法人治理结构不健全、会计信息不准确等问题。

在国有企业领导人经济责任审计方面，根据1999年"两办"颁布的

《国有企业及国有控股企业领导人员任期经济责任审计暂行规定》，审计机关实施企业领导人员任期经济责任审计，对其所在企业资产、负债、损益的真实、合法和效益情况进行审计，其中就包括对央企对外投资和资产的处置情况的审计。2000年"两办"颁布的《国有企业及国有控股企业领导人员任期经济责任审计暂行规定实施细则》进一步对经济责任审计的相关条款进行了细化和明确。2010年和2014年"两办"又陆续颁布了《党政主要领导干部和国有企业领导人员经济责任审计规定》和《党政主要领导干部和国有企业领导人员经济责任审计规定实施细则》等规章，进一步完善了领导人员经济责任审计内容，但依然包括对重大经济决策情况，重要项目的投资、建设、管理及效益情况等内容。

另外，在2010年"两办"颁布的《关于进一步推进国有企业贯彻落实三重一大决策制度的意见》中，对重大决策事项、重要人事任免事项、重大项目安排事项和大额度资金运作事项（以下简称"三重一大"）进行了规范，其中就包括对企业的投资计划内容。同时，该意见要求"三重一大"决策制度的执行情况应当作为巡视、党风廉政建设责任制考核的重要内容和企业领导人员经济责任审计的重点事项。因此，审计署在履行审计职责时，会重点关注投资等方面的事项。

二、文献回顾

对于过度投资的研究，目前的研究领域比较广泛，较多的研究关注公司治理机制对过度投资或投资效率的作用[①]（比如，辛清泉等，2007；唐雪松等，2007；张纯和吕伟，2009；柳建华等，2015）。但针对审计与过度投资的研究相对较少，并且只局限于对注册会计师审计的研究。如李青

---

① 相关的综述文章可见刘津宇等（2014）。

原（2009）发现，会计信息质量分别与公司投资不足和投资过度负相关，同时会计信息质量与投资过度的负相关性在具有较高审计质量的公司中更明显。翟华云（2010）发现，在我国法律环境较好的地区，高质量审计能够有效减少上市公司投资不足和抑制上市公司的投资过度，从而提高公司投资效率。因此，从已有研究来看，注册会计师审计质量会改进企业投资效率，且结论相对一致。但目前没有关于国家审计与过度投资的研究。

第三节 理论分析和研究假设

在信息不对称和委托—代理理论框架下，管理层与股东之间存在信息不对称。与股东相比，管理层拥有更多关于公司内部的信息。因此，会出现管理层最大化自身利益、损害所有者利益的行为。Jensen（1986）认为，管理层有动机不断扩大投资，甚至超越企业最佳的投资规模。因为伴随着企业规模的扩大，管理层的私人收益会增加，包括控制更多的资源，获得更高的报酬等。因此，在这种追求投资规模而非投资效益的动机下，管理层可能接受净现值为负的投资项目，导致企业过度投资。

对于国有企业而言，在大股东的虚化缺位以及中小股东"搭便车"的情况下，国有企业"内部人控制"现象普遍，对管理层缺乏有效的监督。同时，薪酬管制导致了国有企业的薪酬安排缺乏应有的激励效率，当薪酬契约无法对经理的经营才能和工作努力作出补偿和激励时，会导致因薪酬契约失效而引发的投资过度现象（辛清泉等，2007）。甚至一些国有企业管理层为了获得私人收益，常通过投资方式进行利益输送或者索取贿赂。

审计作为一种约束机制，有助于降低信息不对称程度，能较好地监督企业管理层，缓解或降低企业的过度投资行为。从注册会计师审计来看，审计能发挥对财务报告的鉴证作用。高质量审计能够更加准确地将内部真实的信号传递给外部投资者，降低企业内部与外部投资者之间的信息不对称，降低了信息风险，改善了投资决策。

从国家审计来看，其在监督企业过度投资方面更能发挥作用。从审计内容上看，国家审计关注的内容比注册会计师审计更广泛，国家审计不仅审计企业投资行为的会计记账是否正确，还涉及审计企业投资行为是否遵循相关的规章制度。针对国有企业的过度投资行为，国家审计从相关的制度规范出发，能要求企业立即整改，并能监督其整改措施和后续效果，因此能有效地减少和抑制企业过度投资行为。并且，审计署作为独立的政府机关，与被审单位之间不存在任何经济利益关系。审计机关的考核激励机制通常与被审结果相联系，发现被审单位的过度投资问题越严重，审计人员更可能得到奖励和晋升，因此审计机关有动机和能力抑制企业过度投资行为。

由于中央国有企业大部分有效资产会下沉至控股上市公司（凌文，2012），审计署审计央企，不仅会对母公司进行审计，还会对下属上市公司进行延伸审计，部分审计结果公告会明确提及延伸审计的上市公司名称。因此，国家审计更有可能发现和抑制上市公司过度投资行为，约束管理层的代理问题。因此，本章提出假设如 H4-1 所示：

H4-1：在其他条件不变的情况下，国家审计与国有企业过度投资呈负相关关系。

审计机关对国有企业的审计监督具有不确定性。除按照央企干部任免时间进行经济责任审计外，财务收支审计和专项调查审计都具有时间的不确定性。经过一次国家审计后，审计机关在后续年度会不定期进行审计。审计机关在第一次审计过程中积累了对该公司行业情况、公司财务状况和投资行为的知识，企业过度投资行为得到初步纠正。在一次审计后，企业可能会遵循相关规范,保持合理的投资行为。因此,第二次审计相对于第一次审计不会发现显著的过度投资行为。但是,当经过一次审计后,在后续审计时间不确定的情况下,管理层可能存在机会主义心理,为了获得私人收益继续进行一些过度投资行为。此处我们不做方向的判断,据此本章提出假设如 H4-2 所示:

H4-2:在其他条件不变的情况下,二次国家审计与过度投资不存在显著相关关系。

第四节 数据来源与研究设计

一、数据来源

与第三章相同,本章同样基于审计署 2010~2014 年发布的央企集团财务收支和专项调查审计结果公告,采用倾向值得分匹配和双重差分模型检验实证结果。被审样本构成及倾向值得分匹配方法,见上章"数据来源"和"研究设计"。所使用的实际控制人类型、财务指标、市场回报率及其他所有数据均来自 CSMAR 数据库。为消除极端值的影响,对回归中的连续变量按 1% 进行了缩尾处理。

二、变量定义

对于过度投资水平的度量,Richardson(2006)认为,企业各期的新增投资由两部分组成,即预期新增投资(正常的投资额)与非预期新增投资(投资不足或过度投资,也称非效率投资)。Richardson(2006)模型能直接度量特定公司在特定年度的投资效率,且运用截面数据回归能较好地避免边际 Tobin Q 模型与 Wurgler(2000)模型估算样本的幸存性偏见,即 Survival Biases(李青原,2010)。本章借鉴 Richardson(2006)使用的模型估计公司的期望投资水平。

借鉴张功富(2009)、李青原(2010)的研究,我们对模型进行分年度、分行业回归,以充分考虑公司预期资本投资水平在不同行业和不同年度的差异。行业分类采用中国证监会《上市公司行业分类标准》(2001)中的 A-M 行业一级分类法,以避免样本的选择性偏差。通过采用 A 股上市公司的数据对模型进行分年度、分行业回归,我们可以得到每个公司每一年度的预期投资水平。然后用各个公司在该年度的实际投资量减去预期投资量,得到每个公司每一年度的非效率投资水平,正的残差定义为公司的投资过度水平(Over_Inv)。Over_Inv 越大,意味着上市公司过度投资水平越高。

三、检验模型

我们以过度投资水平(Over_Inv)为因变量,借鉴 Richardson(2006)、吕长江和张海平(2011)、方红星和金玉娜(2013)等研究,控制公司规模、成长机会、盈利能力、负债水平、增发配股额度、股权集中度、股权制衡度、管理层持股比例等因素,分别运用模型(4-1)和模型(4-2)检验审计署审计对公司过度投资水平的影响以及二次审计与一次审计效果的对比。[①]

[①] 在检验 H4-2,即将审计署一次审计和二次审计的"被审年度"投资效率进行对比时,我们定义变量"Second"。以样本中接受二次审计检查的 90 家公司为样本,对其首次接受审计署审计检查的被审年度观测,Second 变量取值为 0;对其二次接受审计署审计检查的被审年度观测,Second 变量取值为 1。180 组观测得到的有效配对观测为 153 组(去除 Probit 缺失变量观测),将倾向值得分差异大于 1% 的极端配对删除,共得到 125 组观测。

$$Over\_Inv_{i,t} = \beta_0 + \beta_1 Post_{i,t} + \beta_2 Audit_{i,t} + \beta_3 Post_{i,t} \times Audit_{i,t} + Controls +$$
$$Year\ \&\ Industry\ Fixed\ Effects + \varepsilon_{i,t} \quad (4-1)$$

$$Over\_Inv_{i,t} = \gamma_0 + \gamma_1 Second_{i,t} + \gamma_2 Audit_{i,t} + \gamma_3 Second_{i,t} \times Audit_{i,t} + Controls +$$
$$Year\ \&\ Industry\ Fixed\ Effects + \varepsilon_{i,t} \quad (4-2)$$

其中，$Over\_Inv_{i,t}$ 为公司 t 期的过度投资水平（残差大于 0）；$Post_{i,t}$ 取值为 0，表示审计署审计前，$Post_{i,t}$ 取值为 1，表示审计署审计后；$Second_{i,t}$ 取值为 0，表示一次审计的被审年度观测，取值为 1，表示二次审计的被审年度观测。

控制变量包括 $Size_{i,t}$ 为公司 t 期期初总资产自然对数；$TobinQ_{i,t}$ 表示公司的成长机会，$TobinQ_{i,t}$ =（股权市值+负债账面价值）/总资产账面价值。由于我们的样本涉及时间区间为 2006~2013 年，位于股权分置改革后，因此非流通股的价格用流通股价格代替计算；$FCF_{i,t}$ 为经营活动现金净流量与期初总资产的比值；$ROA_{i,t}$ 为公司总资产收益率；$Lev_{i,t}$ 为公司总资产负债率（总负债/年末总资产）；$Turnover_{i,t}$ 为公司总资产周转率（营业收入/期末总资产）；$SEO_{i,t}$ 为公司增发配股额度与期初总资产的比值；$Concentrate_{i,t}$ 为股权集中度指标（公司 t 期第 1 大股东持股比例）；$Balance_{i,t}$ 为股权制衡度指标（公司 t 期第 2~5 大股东持股比例之和/第 1 大股东持股比例）；$Manager_{i,t}$ 为公司 t 期管理层持股比例，$Indep_{i,t}$ 为公司 t 期独立董事的比例（独立董事人数/董事会人数）；$Board_{i,t}$ 为公司 t 期董事会人数的平方根；$Age_{i,t}$ 为公司上市年限的平方根；$Bothpost_{i,t}$ 表示公司 t 期董事长与总经理是否兼任（兼任取 1，否则取 0）；Year 和 Industry Fixed Effects 分别为年度固定效应和行业固定效应，行业固定效应以 2001 年证监会行业分类标准为准（制造业取前两位行业代码，其他取首位行业代码）。

第五节 实证结果

一、单变量分析

变量描述性统计的结果见表4-1。从表4-1可知,审计前样本组与对照组的过度投资水平差异为-0.0019,但不显著;审计署审计后,样本组与对照组的过度投资水平差异为-0.0111,显著为负。初步说明审计署审计后,与对照组相比,样本组过度投资水平下降,投资效率提升。从一次审计到二次审计,被审样本的过度投资水平与对照组均无显著差异。而控制变量在审计前后、一、二次审计前后,基本无显著差异,说明PSM配对比较有效。

表4-1 变量描述性统计

	变量	Audit = 1 均值	Audit = 0 均值	Diff	t值
Panel A H4-1					
审计署审计前 (Post=0)	$Over\_Inv_{i,t}$	0.0299	0.0318	-0.0019	-0.3941
	$Size_{i,t}$	22.4355	22.2332	0.2022	1.0538
	$TobinQ_{i,t}$	2.2283	1.934	0.2943*	1.7963
	$ROA_{i,t}$	0.0349	0.0376	-0.0027	-0.4279
	$Lev_{i,t}$	0.5528	0.5421	0.0107	0.372

续表

	变量			Diff	t值
Panel A H4-1					
审计署审计后 (Post=1)	$Over\_Inv_{i,t}$	0.0254	0.0365	-0.0111***	-3.0603
	$Size_{i,t}$	22.6516	22.5423	0.1093	0.6834
	$TobinQ_{i,t}$	1.8261	1.7936	0.0325	0.2896
	$ROA_{i,t}$	0.0273	0.0377	-0.0104	-2.0328
	$Lev_{i,t}$	0.5306	0.5351	-0.0045	-0.1976

	变量	Audit=1 均值	Audit=0 均值	Diff	t值
Panel B H4-2					
审计署一次审计 (Second=0)	$Over\_Inv_{i,t}$	0.0288	0.0443	-0.0155	-1.2502
	$Size_{i,t}$	22.3977	22.3509	0.0469	0.1143
	$TobinQ_{i,t}$	2.6499	1.8916	0.7583**	2.0429
	$ROA_{i,t}$	0.06	0.0667	-0.0067	-0.2561
	$Lev_{i,t}$	0.0117	0.041	-0.0293*	-1.9183
审计署二次审计 (Second=1)	$Over\_Inv_{i,t}$	0.5336	0.5681	-0.0345	-0.5031
	$Size_{i,t}$	0.0309	0.0334	-0.0025	-0.2471
	$TobinQ_{i,t}$	22.8352	22.6339	0.2012	0.4298
	$ROA_{i,t}$	1.568	1.7092	-0.1411	-0.6718
	$Lev_{i,t}$	0.0798	0.0685	0.0113	0.7226
	$Over\_Inv_{i,t}$	0.0252	0.0319	-0.0067	-0.5883
	$Size_{i,t}$	0.5673	0.5693	-0.002	-0.0374

二、回归分析

（一）对 H4-1 的检验

表 4-2 报告了模型（4-1）的回归结果。分析表 4-2 可知，$Post_{i,t} \times$

$Audit_{i,t}$ 系数显著为负,说明国家审计能够显著抑制公司的过度投资行为,H4-1 得到验证。考虑到财务收支和专项调查对抑制过度投资的差异性,我们区分不同审计类型进行分组回归,结果显示这种抑制作用主要体现在财务收支审计样本中,专项调查审计对过度投资的抑制作用不显著。

从控制变量的回归结果来看,过度投资与 TobinQ 显著负相关,与经营活动现金净流量 FCF 显著正相关。TobinQ 衡量的是公司的成长机会或投资机会,公司的成长性越高,投资机会的价值越大,过度投资水平越低,这与已有的研究一致(方红星、金玉娜,2013;刘星等,2014)。公司经营活动现金流量水平越高,过度投资水平越低,这与 Jensen(1986)、Fazzari 等(1988)等的研究结果一致。

表 4-2 审计前后过度投资水平对比—区分政府审计类型

变量	全样本		财务收支审计		专项调查审计	
	系数	t 值	系数	t 值	系数	t 值
Constant	0.0473	0.97	0.0138	0.23	0.1151	1.5
$Post_{i,t}$	0.0112**	2.00	0.0181***	2.66	0.0190*	1.79
$Audit_{i,t}$	0.0047	0.91	0.0079	1.19	0.0025	0.38
$Post_{i,t} \times Audit_{i,t}$	-0.0107*	-1.77	-0.0159**	-2.05	-0.0073	-0.94
$Size_{i,t}$	-0.0021	-1.05	0.0005	0.18	-0.0030	-1.25
$TobinQ_{i,t}$	-0.0039*	-1.74	-0.0014	-0.47	-0.0041*	-1.69
$FCF_{i,t}$	0.0794***	3.92	0.0575**	2.03	0.0763**	2.54
$ROA_{i,t}$	0.0194	0.48	0.0068	0.12	0.0097	0.18
$Lev_{i,t}$	0.0034	0.31	-0.0088	-0.6	0.0041	0.28
$Turnover_{i,t}$	-0.0049	-1.25	-0.0067	-1.61	-0.0045	-0.76
$SEO_{i,t}$	0.0213	1.10	-0.0050	-0.24	0.0204	0.83

续表

变量	全样本		财务收支审计		专项调查审计	
	系数	t 值	系数	t 值	系数	t 值
$Concentrate_{i,t}$	−0.0258	−1.61	−0.0200	−0.93	−0.0474**	−2.45
$Balance_{i,t}$	−0.0037	−0.80	−0.0057	−0.98	−0.0069	−1.22
$Manager_{i,t}$	0.0662	0.27	−0.1537	−0.69	0.1526	0.45
$Indep_{i,t}$	0.0165	0.40	−0.0198	−0.46	0.0463	0.81
$Board_{i,t}$	0.0099	1.63	0.0082	0.98	0.0080	0.96
$Age_{i,t}$	−0.0024	−0.79	−0.0020	−0.51	−0.0002	−0.05
$Bothpost_{i,t}$	0.0000	0.00	−0.0038	−0.36	−0.0022	−0.31
Year & Industry	Control		Control		Control	
N	490		271		305	
Adjusted R^2	11.71%		16.54%		6.83%	

注：回归中的连续变量已经过缩尾处理（1%，99%）；***、** 和 * 分别表示 1%、5% 和 10% 的显著性水平；t 值为经 White 异方差及聚类（Cluster by Stkcd）修正后的稳健 t 值；财务收支回归样本观测（271）与专项调查回归样本观测（305）之和大于 490，是因为有部分观测同时经历财务收支审计和专项调查审计，为扩大回归样本，同时归入两个子样本进行分析。

（二）对 H4-2 的检验

表 4-3 报告了模型（4-2）的回归结果。从表中可知，$Second_{i,t} \times Audit_{i,t}$ 系数不显著，表明与一次审计相比，二次审计并未起到进一步抑制过度投资的作用。从控制变量看，二次审计时的过度投资水平主要与股权集中度、股权制衡度显著负相关，与独立董事比例显著正相关。这说明二次审计时，股东监督效应越强（大股东和其他股东），管理层的过度投资水平越低，而独立董事并没有对过度投资起到很好的制约作用。

表 4-3 两次审计效果的对比

变量	系数	t 值
Constant	−0.1056	−1.08
$Second_{i,t}$	−0.0082	−0.35
$Audit_{i,t}$	−0.0147	−1.15
$Second_{i,t} \times Audit_{i,t}$	0.0114	0.66
$Size_{i,t}$	0.0059	1.66
$TobinQ_{i,t}$	0.0121**	2.37
$FCF_{i,t}$	0.1559**	2.48
$ROA_{i,t}$	−0.1517	−1.26
$Lev_{i,t}$	−0.0437	−1.54
$Turnover_{i,t}$	−0.0127	−1.16
$SEO_{i,t}$	−0.1135	−0.97
$Concentrate_{i,t}$	−0.0876*	−1.68
$Balance_{i,t}$	−0.0261**	−1.99
$Manager_{i,t}$	0.4874	0.83
$Indep_{i,t}$	0.2102**	2.08
$Board_{i,t}$	0.0021	0.16
$Age_{i,t}$	−0.0033	−0.38
$Bothpost_{i,t}$	0.0075	0.36
Year & Industry	Control	
N	97	
Adjusted R^2	14.10%	

注：回归中的连续变量已经过缩尾处理（1%，99%）；***、**和*分别表示1%、5%和10%的显著性水平；t值为经White异方差及聚类（Cluster by Stkcd）修正后的稳健t值。

三、稳健性检验

为进一步验证国家审计对过度投资的作用，参照以往文献（Chen et al.，2011c；喻坤等，2014），我们采用投资—投资机会敏感度模型来衡量企业的投资效率，以检验国家审计对过度投资行为的作用，如检验模型（4-3）、检验模型（4-4）所示。从检验结果可知，用投资—投资机会敏感度模型衡量过度投资能够得到与本章一致的结论：国家审计能够促进公司投资效率的提高，能抑制企业过度投资行为；二次审计与一次审计效果无明显差异。

$$Inv_{i,t} = \beta_0 + \beta_1 Post_{i,t} + \beta_2 Audit_{i,t} + \beta_3 Post_{i,t} \times Audit_{i,t} + \beta_4 TobinQ_{i,t-1} + \beta_5 TobinQ_{i,t-1} \times Post_{i,t} + \beta_6 TobinQ_{i,t-1} \times Audit_{i,t} + \beta_7 TobinQ_{i,t-1} \times Post_{i,t} \times Audit_{i,t} + Controls_{i,t} + Year \& Industry\ Fixed\ Effects + \varepsilon_{i,t}$$

(4-3)

$$Inv_{i,t} = \gamma_0 + \gamma_1 Second_{i,t} + \gamma_2 Audit_{i,t} + \gamma_3 Second_{i,t} \times Audit_{i,t} + \gamma_4 TobinQ_{i,t-1} + \gamma_5 TobinQ_{i,t-1} \times Second_{i,t} + \gamma_6 TobinQ_{i,t-1} \times Audit_{i,t} + \gamma_7 TobinQ_{i,t-1} \times Second_{i,t} \times Audit_{i,t} + Controls_{i,t} + Year \& Industry\ Fixed\ Effects + \varepsilon_{i,t}$$

(4-4)

其中，$Inv_{i,t}$ 为企业投资，$Inv_{i,t}$ =（购建固定资产、无形资产和其他长期资产支付的现金+取得子公司及其他营业单位支付的现金净额-处置固定资产、无形资产和其他长期资产收回的现金净额-处置子公司及其他营业单位收到的现金净额）/期初总资产；$Tobin_{i,t-1}$ 为投资机会的相应度量，本章用滞后一期的 $Tobin_{i,t-1}$ [（股票市值+债务账面价值）/总资产账面价值] 作为投资机会的度量。控制变量包括公司规模（$Size_{i,t}$）、经营活动现金净流量（$FCF_{i,t}$）、公司总资产收益率（$ROA_{i,t}$）、公司总资产负债率

（Lev$_{i,t}$）、公司增发配股额度与期初总资产的比值（SEO$_{i,t}$）、股权集中度（Concentrate$_{i,t}$）、股权制衡度（Balance$_{i,t}$）、管理层持股比例（Manager$_{i,t}$）、独立董事比例（Indep$_{i,t}$）、董事会规模（Board$_{i,t}$）、上市年限（Age$_{i,t}$）、董事长与总经理是否兼任（Bothpost$_{i,t}$）。我们同时控制了年度固定效应和行业固定效应。

若 H4-1 成立，则模型（4-3）中系数 β_7 应为正，表示审计署审计能够促进企业投资效率的提高；若 H4-2 成立，则模型（4-4）中系数 γ_7 应不显著。

模型（4-3）回归的结果如表 4-4 所示。分析表 4-4 可知，用投资—投资机会敏感度模型衡量投资效率能够得到一致的结论：国家审计能够促进公司投资效率的提高，能抑制企业过度投资行为，结果与前文一致。

表 4-4 审计前后过度投资水平对比

变量	系数	t 值
Constant	-0.0898	-1.36
Post$_{i,t}$	0.0017	0.17
Audit$_{i,t}$	0.0061	0.53
Post$_{i,t}$×Audit$_{i,t}$	-0.0200*	-1.68
Tobin$_{i,t-1}$	0.0066	1.49
Tobin$_{i,t-1}$×Post$_{i,t}$	-0.0005	-0.15
Tobin$_{i,t-1}$×Audit$_{i,t}$	-0.0074	-1.61
Tobin$_{i,t-1}$×Post$_{i,t}$×Audit$_{i,t}$	0.0107*	1.92
Size$_{i,t}$	0.0047*	1.74
FCF$_{i,t}$	0.1593***	4.30
ROA$_{i,t}$	0.0830	1.59

续表

变量	系数	t 值
$Lev_{i,t}$	0.0409***	2.64
$SEO_{i,t}$	0.2399***	5.37
$Concentrate_{i,t}$	−0.0323	−1.54
$Balance_{i,t}$	0.0070	1.00
$Manager_{i,t}$	−0.2132	−0.98
$Indep_{i,t}$	0.0070	0.14
$Board_{i,t}$	0.0040	0.41
$Age_{i,t}$	−0.0142***	−3.39
$Bothpost_{i,t}$	−0.0034	−0.34
Year & Industry	Control	
N	1049	
Adjusted R^2	21.88%	

注：以 616 组 PSM 得到的观测为分析样本。去除因变量缺失个体及其他缺失变量个体后，共有 1049 个有效观测。回归中的连续变量已经过缩尾处理（1%，99%）；***、** 和 * 分别表示 1%、5% 和 10% 的显著性水平；t 值为经 White 异方差及聚类（Cluster by Stkcd）修正后的稳健 t 值。

模型（4-4）回归的结果如表 4-5 所示。分析表 4-5 可知，用投资—投资机会敏感度模型衡量投资机会，回归系数为 0.0018，系数并不显著，这表明二次审计与一次审计效果无明显差异。

表 4-5　两次审计效果的对比

变量	系数	t 值
Constant	−0.0002	0.00
$Second_{i,t}$	−0.0672*	−1.93

续表

变量	系数	t 值
$Audit_{i,t}$	−0.0327	−1.45
$Second_{i,t} \times Audit_{i,t}$	0.0358	1.64
$Tobin_{i,t-1}$	0.0016	0.20
$Tobin_{i,t-1} \times Second_{i,t}$	0.0004	0.04
$Tobin_{i,t-1} \times Audit_{i,t}$	0.0079	0.77
$Tobin_{i,t-1} \times Second_{i,t} \times Audit_{i,t}$	0.0018	0.16
$Size_{i,t}$	0.0035	0.83
$FCF_{i,t}$	0.1009	1.23
$ROA_{i,t}$	0.0294	0.27
$Lev_{i,t}$	−0.0098	−0.40
$SEO_{i,t}$	−0.0647	−0.58
$Concentrate_{i,t}$	−0.0126	−0.31
$Balance_{i,t}$	−0.0033	−0.29
$Manager_{i,t}$	−0.2488	−0.73
$Indep_{i,t}$	0.1039	1.08
$Board_{i,t}$	0.0033	0.22
$Age_{i,t}$	−0.0164***	−2.71
$Bothpost_{i,t}$	0.0092	0.45
Year & Industry	Control	
N	217	
Adjusted R^2	10.46%	

注：以 125 组 PSM 得到的观测为分析样本。去除因变量缺失个体及其他缺失变量个体后，共有 217 个有效观测。回归中的连续变量已经过缩尾处理（1%，99%）；***、** 和 * 分别表示 1%、5% 和 10% 的显著性水平；t 值为经 White 异方差及聚类（Cluster by Stkcd）修正后的稳健 t 值。

第六节 研究结论

本章基于信息不对称和委托—代理理论框架,实证检验了国家审计之于国有企业过度投资的抑制作用。研究发现,国家审计能够抑制公司过度投资行为;在区分不同审计情况下,二次审计并没有进一步地抑制过度投资行为。我们的研究丰富了国家审计的实证研究视角,表明国家审计除能有效地改进企业绩效、约束盈余管理行为外,也能促进企业投资效率的改进,因此,突出国家审计之于国有企业改革的重要地位,必将推进国有企业改革和发展。

本章的不足之处在于,受被审公司数量的限制,本章回归样本量较小,尤其是二次审计的回归仅有 97 个观测,回归结果可能容易产生偏误。因此,本章在稳健性检验部分添加投资机会敏感度模型的结果,进一步验证本章结论。而且受研究样本限制,本章的研究所提及的国家审计是基于审计署层面,无法回答地方审计机关的作用,这些不足有待今后样本披露后,进一步研究和检验。

第五章

国家审计与内部控制

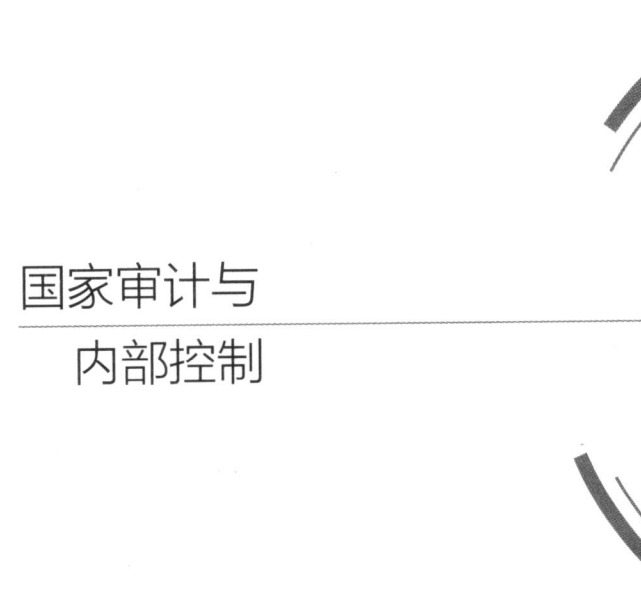

第五章
国家审计与内部控制

本章分析和检验国家审计对央企控股上市公司内部控制的作用。与前述章类似，本节基于审计署 2010~2014 年公布的央企财务收支和专项调查审计公告，以被审央企的控股上市公司为检验样本，采用迪博内部控制指数来衡量内部控制质量和内部控制披露质量，采用双重差分模型的研究设计考察被审样本公司在国家审计前后内部控制的变化。研究发现，国家审计能够显著改善内部控制质量，但对内部控制披露无显著影响。

第一节 研究概述

国家审计作为依法用权力监督制约权力的制度安排（刘家义，2011），其之于国有企业的作用在于审查国有企业会计信息的真实性和经济活动的合法性。重点关注国有企业治理结构及内部控制制度的建立和执行情况，有助于推动国有企业加强内部管理。同时，通过审查国有企业经营中的突出问题和绩效状况，能促进国有企业健全权力运行机制，推动企业深化改革和制度完善。① 因此，现阶段的国家审计不仅是揭示问题，更注重揭示问题背后的原因，以推动国有企业体制机制的改革。通过揭示问题、体制机制的改革，必将不断提高国有企业的内部控制。

---

① 参见 http：//www.audit.gov.cn/n1992130/n1992364/n3642935/n3643074/3644630.html。

目前已有的实证研究较多关注国家审计对于国有企业绩效、盈余管理和在职消费的作用（李江涛等，2015；陈宋生等，2013；褚剑和方军雄，2017），缺乏对国家审计与国有企业内部控制的研究。

鉴于此，本章试图探讨国家审计对国有企业内部控制方面的作用。基于审计署 2010~2014 年公布的央企财务收支和专项调查审计公告，我们以被审央企的控股上市公司为检验样本，通过倾向值得分匹配（PSM）方法确定其配对样本，选择迪博内部控制指数作为内部控制质量的替代变量，采用双重差分模型的研究设计考察被审样本公司在国家审计前后内部控制的变化。研究发现，国家审计能够显著改进国有企业内部控制。从实证角度证实了国家审计确实显著改进了国有企业的内部控制制度，发挥了促进国有企业制度建设和改革的作用。

我们的研究贡献主要在于两个方面：一是进一步丰富了关于国家审计的实证研究话题。国家审计不仅改进了公司业绩，抑制了企业盈余管理行为，同时也改进了企业的内部控制。二是文章也补充了国家审计与内部控制方面的研究。已有研究讨论了国家审计在推动单位内部控制建设的路径（唐大鹏等，2015），本章从实证角度丰富了这一方面研究。

第二节 文献回顾

目前在关于内部控制质量和有效性的实证研究中，西方文献主要涉及内部控制影响因素与内部控制经济后果两方面。从影响因素方面来看，已有文献较多关注公司治理结构特征对内部控制有效性的影响。从经济后果来看，内部控制质量或缺陷主要影响到审计行为和公司权益成本等方面

(李享，2009；李庆玲等，2016)。

就国内研究而言，考察影响内部控制因素的研究主要有以下视角：一是考察内部控制有效性的影响因素研究，如张颖等（2010）、张继德等（2013）的研究。二是考虑公司治理结构或单个因素对内部控制有效性或质量的影响；如程晓陵等（2008）考察了公司治理结构对内部控制的作用；吴益兵等（2009）考察了股权结构与企业内部控制质量的关系；董卉娜等（2012）从审计委员会特征角度考察了对公司内部控制缺陷的影响；吴秋生等（2013）考察了领导者权力对内部控制的影响；逯东等（2014）检验了CEO激励提高与内部控制有效性关系。另外，雷辉等（2014）从董事会特征、池国华等（2014）从高管背景特征、余海宗等（2015）从合约期内股权激励、逯东等（2015）从媒体类型和媒体关注等角度研究了其与内部控制有效性的关系。

从审计角度研究审计特征对内部控制影响的研究，主要涉及内部审计特征和国家审计与内部控制的相关研究。郑伟等（2014）对沪市上市公司数据检验发现内部审计质量与控制活动显著正相关，同时发现企业内部审计客观性、专业胜任能力以及内部审计部门规模等因素对于控制活动的作用尤为直接和显著。王兵等（2015）发现，内部审计负责人专业能力的提升能显著改进内部控制质量，没有发现内部审计规模特征对内部控制质量水平和改进产生显著影响。另外，唐大鹏等（2015）规范分析了国家审计推动完善行政事业单位内部控制的路径，同时对内部控制体系持续完善提出具体的优化方案，并进行了可行性分析。因此，目前研究还缺乏国家审计与内部控制关系的实证研究。相比较而言，在当前深化国有企业改革的背景下，检验国家审计之于国有企业内部控制的作用具有重要的理论与实践意义。

第三节 理论分析和研究假设

从国家审计对国有企业审计监督的角度来看，国家审计对于国有企业也发挥着预防、揭示和抵御功能。

从预防功能来看，国家审计具有威慑作用，并且拥有独立、客观、公正、超脱、涉及经济社会各方面的优势，能够对国有企业各种违规行为起到预防和警示的作用。国家审计是一种经常性的监督制度安排，审计对象知道审计机关会对企业的经营活动进行审计，对企业违规行为进行处罚或移送司法机关。[①] 因此，审计监督对国有企业来说是一种威慑，对企业违反内部控制规定或者企业内部控制不健全等行为起到一定的预防和预警作用。同时，国家审计过去对国有企业审计时发现苗头性、倾向性问题，通过发布审计结果公告，能够让其他国有企业对照自查，及时纠正内部控制存在的不足，改进企业内部控制。

从揭示功能来看，国家审计依据相关的政策规定，监督检查国有企业各项措施的贯彻执行情况，能起到反映真实情况和揭示存在问题的作用。审计署企业司承担着对央企的审计工作，即审计中央国有企业和国务院规定的中央国有资本占控股或主导地位企业的资产、负债、损益，开展相关专项审计调查，组织对中央国有企业和国务院规定的中央国有资本占控股或主导地位企业的领导人员的经济责任审计，以及督促被审计单位整改

---

① 对于审计查出的违法违纪违规问题，属于审计职权范围的，审计机关直接下达审计决定，提出处理处罚意见，并在规定的时间内对整改情况进行检查和督导；不属于审计职权范围的，审计机关出具移送处理书，移送其他部门进行处理处罚，接受移送的部门应将处理结果及时函复审计机关。

等。在审计监督或调查中，当发现其存在错误或舞弊时，说明原来的内部控制制度不健全或没有有效发挥作用，有助于揭示内部控制制度存在的问题，进而完善内部控制制度，纠正对规则、秩序和决策制度的背离和偏差。

从抵御功能来看，国家审计通过对国有企业审计，促进企业健全制度、完善体制、规范机制，能够起到减少国有企业运行中可能存在的差错或舞弊行为的作用，促进企业规范运作。对于国家审计发现的企业管理不规范、体制机制等方面的问题，审计机关会提出具体的审计建议，提请有关国有企业主管部门或被审计单位研究采取措施，促进完善制度，加强管理和深化改革。近年来，审计机关主要采取边审计边督促整改的方法，建立健全整改跟踪检查机制，不断促进内部控制的提高。

预防、揭示和抵御是国家审计发挥"免疫系统"功能的三种表现方式，统一于国有企业审计工作的实践之中，并共同推动国有企业内部控制的健全和完善。因此，我们提出假设如 H5-1 所示：

H5-1：在其他条件不变的情况下，通过国家审计能提高国有企业内部控制的质量。

我国上市公司内部控制规范的执行源于 2006 年上海和深圳证券交易所颁布的《上市公司内部控制指引》。《指引》要求上市公司遵循相关法律法规，建立健全内部控制制度，保证内部控制制度的完整性、合理性及实施的有效性。2008 年和 2010 年，财政部等五部委联合颁布《企业内部控制基本规范》和《企业内部控制配套指引》，对企业内部控制应用、评价和内部控制审计颁布了指引，指导和规范内部控制在企业中应用。

一方面，国家审计有助于揭示企业内部控制存在的问题并完善内部控制制度。由此，公司可能在年度报告中披露不断完善的内部控制制度，因此国家审计有助于改进内部控制信息披露。另一方面,国家审计可能对内部控制信息披露没有改进作用,原因在于:①上市公司根据国家审计意见改进了内部控制制度,但审计机关并不要求上市公司必须披露这些消息。②上市公司已经遵循了相关规范,建立健全了内部控制制度并进行了披露,但可能企业内部控制制度实际并没有得到有效执行。因此,通过国家审计改善内部控制的执行并不影响内部控制信息披露本身。③国家审计促进企业改进的内部控制制度与上市公司需披露的内部控制信息无关。因此,基于上述讨论,我们提出假设如 H5-2 所示:

H5-2:国家审计与企业内部控制信息披露改进没有显著关系。

第四节 数据来源与研究设计

一、数据来源

与前述章相同,本章同样基于审计署 2010~2014 年发布的央企集团财务收支和专项调查审计结果公告,采用倾向值得分匹配方法和双重差分模型检验实证结果。被审样本构成及倾向值得分匹配方法见上章节"数据来源"和"研究设计"。所使用的实际控制人类型、财务指标、市场回报率及其他所有数据均来自 CSMAR 数据库。为消除极端值的影响,对回归中的连续变量按 1% 进行了缩尾处理。

二、检验模型

我们以迪博内部控制与风险管理数据库中的内部控制指数衡量内部控制质量,以内部控制披露指数衡量内部控制披露质量。借鉴 Doyle 等(2007)、Rice 和 Weber(2012)的研究,本章控制公司规模、股权集中度、上市年限、资产负债率、盈利能力、成长机会变量,同时根据研究问题的需要,控制管理层持股比例①以及注册会计师审计相关变量(事务所规模、审计意见类型、审计收费),并加入年度和行业固定效应。双重差分模型设定如式(5-1)所示:

$$\text{IC\_Index}_{i,t}/\text{ICD\_Index}_{i,t} = \beta_0 + \beta_1 \text{Post}_{i,t} + \beta_2 \text{Audit}_{i,t} + \beta_3 \text{Post}_{i,t} \times \text{Audit}_{i,t} + \text{Controls} + \text{Year \& Industry Fixed Effects} + \varepsilon_{i,t} \quad (5-1)$$

其中,$\text{IC\_Index}_{i,t}$ 为内部控制指数;$\text{ICD\_Index}_{i,t}$ 为内部控制披露指数;$\text{Post}_{i,t}$ 取值为 0,表示审计署审计前,$\text{Post}_{i,t}$ 取值为 1,表示审计署审计后;$\text{Audit}_{i,t}$ 变量取值为 0,表示配对观测,$\text{Audit}_{i,t}$ 变量取值为 1,表示被审样本观测。

控制变量 $\text{Size}_{i,t}$ 为公司 t 期期末总资产自然对数;$\text{Lev}_{i,t}$ 为公司总资产负债率(总负债/年末总资产);$\text{ROE}_{i,t}$ 为公司净资产收益率;$\text{Age}_{i,t}$ 为公司上市年限的平方根;$\text{H\_10}_{i,t}$ 为前十大股东持股比例的平方和;$\text{TobinQ}_{i,t}$ 表示公司的成长机会,$\text{TobinQ}_{i,t}$ =(股权市值+负债账面价值)/总资产账面价值(由于我们的样本涉及的时间区间为 2006~2013 年,位于股权分置改革后,非流通股的价格用流通股价格代替计算);$\text{Bigfour}_{i,t}$ 为公司 t 期聘任的

---

① 根据 PSM 配对后平衡测试的结果,需要控制存在显著差异的变量,即盈利能力与管理层持股比例。

会计事务所类型（若为国际四大事务所，取值为1，否则为0）；$OP_{i,t}$为公司t期注册会计师审计意见（当审计师出具"标准无保留审计意见"时，取值为0；当审计师出具"无保留审计意见加事项段"，取值为1；当审计师出具"保留意见"或"保留意见加事项段"时，取值为2；当审计师出具"无法发表意见"或"否定意见"时，取值为3）；$LnFee_{i,t}$为公司t期审计费用自然对数；$Manager_{i,t}$为公司t期管理层持股比例；$Consistent_{i,t}$表示公司内部控制审计的事务所与外部审计的事务所是否一致，若一致，取值为1，否则为0；Year 和 Industry Fixed Effects 分别为年度固定效应和行业固定效应，行业固定效应以2001年证监会行业分类标准为准（制造业取前两位行业代码，其他取首位行业代码）。

模型（5-1）中系数β_1表示与样本组接受审计署审计前的时间点相比，审计署审计后，对照组内部控制质量的客观变化；β_2表示审计署审计前，样本组和对照组内部控制质量的差异；交叉项$Post_{i,t} \times Audit_{i,t}$的系数$\beta_3$则为本研究关注的系数指标，表示与审计署审计前相比，审计署审计后，样本组内部控制质量相对于对照组的增量变化。

第五节 实证结果

一、单变量分析

表5-1是变量描述性统计情况。分析表5-1可知，审计署审计前，样本组内部控制指数低于对照组（不显著）；内部控制披露指数高于对照组

（不显著）；审计署审计后，样本组内部控制指数高于对照组（单边显著），内部控制披露指数无显著差异。初步说明政府审计有助于改善企业的内部控制质量，主要体现在内部控制指数上。在控制变量方面，审计署审计前，被审样本上市年限大于对照组；审计署审计后，被审样本上市年限、TobinQ 和管理层持股比例高于对照组，而盈利能力则低于对照组。

表 5-1 变量描述性统计

	变量	Audit = 1 均值	Audit = 0 均值	Diff	t 值
审计署审计前（Post = 0）	$IC\_Index_{i,t}$	7.1914	7.2301	−0.0387	−0.4198
	$ICD\_Index_{i,t}$	0.2370	0.2279	0.0090	0.9059
	$Size_{i,t}$	22.5583	22.4283	0.13	0.983
	$Lev_{i,t}$	0.5163	0.5007	0.0156	0.8577
	$ROE_{i,t}$	0.0783	0.0895	−0.0112	−1.0723
	$Age_{i,t}$	3.3927	3.231	0.1616***	2.4669
	$TobinQ_{i,t}$	1.8126	1.6429	0.1697	1.2117
审计署审计后（Post = 1）	$IC\_Index_{i,t}$	7.0371	6.942	0.0950*	1.4356
	$ICD\_Index_{i,t}$	0.3079	0.3130	−0.0050	−0.6948
	$Size_{i,t}$	22.817	22.7631	0.0538	0.513
	$Lev_{i,t}$	0.5273	0.511	0.0163	1.1377
	$ROE_{i,t}$	0.0627	0.0726	−0.0099*	−1.3053
	$Age_{i,t}$	3.5874	3.5088	0.0785*	1.4492
	$TobinQ_{i,t}$	1.3814	1.2192	0.1623**	2.0764

注：***、** 和 * 分别表示 1%、5% 和 10% 的显著性水平。

二、回归分析

表 5-2 报告了模型（5-1）回归的结果。从 Panel A 中可知，$Post_{i,t} \times Audit_{i,t}$ 系数为正，且在 5% 水平下显著，说明审计署审计检查后，内部控制指数显著提高，即国家审计能够改善被审样本公司的内部控制质量，证实了国家审计能够促进企业内部控制的改进，H5-1 得到证实。在控制变量方面，内部控制指数与公司规模、盈利能力、TobinQ 显著正相关，与负债能力显著负相关，说明公司规模越大、盈利能力越强、成长机会越大、负债率越低，内部控制质量越好，与张颖等（2010）、池国华等（2014）的研究结论一致。

表 5-2 内部控制质量回归结果

Panel A 内部控制指数回归结果		
变量	系数	t 值
Constant	-1.8278**	-2.29
$Post_{i,t}$	-0.1941***	-3.01
$Audit_{i,t}$	-0.1133	-1.64
$Post_{i,t} \times Audit_{i,t}$	0.1945**	2.49
$Size_{i,t}$	0.4116***	10.50
$Lev_{i,t}$	-0.7952***	-4.78
$ROE_{i,t}$	3.1821***	11.91
$Age_{i,t}$	0.0404	1.26
$H\_10_{i,t}$	0.0324	0.16
$TobinQ_{i,t}$	0.0404*	1.69
$Bigfour_{i,t}$	0.1435	1.57

续表

变　量	系数	t 值
$OP_{i,t}$	-0.3081*	-1.81
$LnFee_{i,t}$	0.0472	0.87
$Manager_{i,t}$	-1.5452	-0.64
$Consistent_{i,t}$	-0.0450	-0.45
Year & Industry	Control	
N	1269	
Adjusted R^2	58.39%	

Panel B 内部控制披露指数回归结果

变　量	系数	t 值
Constant	-0.0737	-0.97
$Post_{i,t}$	0.0180**	2.02
$Audit_{i,t}$	0.0103	1.06
$Post_{i,t} \times Audit_{i,t}$	-0.0158	-1.56
$Size_{i,t}$	0.0144***	3.33
$Lev_{i,t}$	-0.0400**	-1.97
$ROE_{i,t}$	0.0141	0.50
$Age_{i,t}$	-0.0111**	-2.33
$H\_10_{i,t}$	-0.0869***	-3.44
$TobinQ_{i,t}$	0.0028	0.90
$Bigfour_{i,t}$	0.0127	1.12
$OP_{i,t}$	-0.0115	-1.11
$LnFee_{i,t}$	-0.008	-1.24
$Manager_{i,t}$	-0.1261	-0.39
$Consistent_{i,t}$	0.0035	0.40

续表

变 量	系数	t 值
Year & Industry	Control	
N	1269	
Adjusted R^2	45.02%	

注：回归中的连续变量已经过缩尾处理（1%，99%）；***、**和*分别表示1%、5%和10%的显著性水平；t值为经White异方差及公司聚类调整后的稳健t值。

从Panel B中可知，在以内部控制披露指数为因变量的回归中，$Post_{i,t} \times Audit_{i,t}$系数为正，并不显著，说明审计署审计检查后，公司在内部控制披露方面没有显著改善，H5-2得到证实。

三、稳健性检验

在运用PSM配对时，前文是同年度匹配的结果。在稳健性检验部分，除了采取年度匹配外，我们在得到每个公司每年的倾向值得分后，还对每个样本观测值匹配与其年度、行业相同、倾向值得分最接近、但母公司在对应年份未被审计署审计的观测值，即进行年度加行业匹配，且仍能够得到一致的结论：即国家审计能够改善被审样本内部控制质量（内部控制指数）。回归结果见表5-3。

表5-3 PSM匹配方法调整

变量	内部控制系数	t 值	内部控制披露数	t 值
Constant	-2.6763***	-4.87	-0.1470	-1.56
$Post_{i,t}$	-0.1710***	-2.66	0.0158	1.42
$Audit_{i,t}$	-0.0796	-1.29	0.0078	0.72

续表

变量	内部控制系数	t 值	内部控制披露数	t 值
$Post_{i,t} \times Audit_{i,t}$	0.1322*	1.72	-0.0140	-1.18
$Size_{i,t}$	0.3627***	11.03	0.0111**	2.28
$Lev_{i,t}$	-0.6556***	-4.28	-0.0503**	-2.18
$ROE_{i,t}$	3.3143***	11.67	0.0069	0.24
$Age_{i,t}$	0.0257	0.89	-0.0082	-1.50
$H\_10_{i,t}$	-0.3278**	-2.12	-0.0479*	-1.77
$TobinQ_{i,t}$	0.0584**	2.28	0.0072**	1.98
$Bigfour_{i,t}$	0.0978	1.45	-0.0096	-0.85
$OP_{i,t}$	-0.4967***	-3.57	-0.0159	-1.26
$LnFee_{i,t}$	0.0957**	2.12	0.0049	0.68
$Manager_{i,t}$	-2.1391	-0.85	-0.2257	-0.48
$Consistent_{i,t}$	-0.1257	-1.19	0.0191	1.44
Year & Industry	Control		Control	
N	993		993	
Adjusted R^2	55.36%		41.92%	

注：回归中的连续变量已经过缩尾处理（1%，99%）；***、**和*分别表示1%、5%和10%的显著性水平；t值为经White异方差及公司聚类调整后的稳健t值。

第六节 研究结论

本章采用国家审计"免疫系统"理论，分析和检验了国家审计之于国有企业内部控制的作用。基于审计署2010~2014年公布的央企财务收支和专项调查审计公告，我们以被审央企的控股上市公司为检验样本，通过倾向值得分匹配方法（PSM）确定其配对样本，选择迪博内部控制指数来衡量内部控制质量，采用双重差分模型的研究设计考察被审样本公司在国家审计前后内部控制的变化。研究发现，国家审计与内部控制制度呈显著正相关，表明国家审计能够促进国有企业内部控制质量。本章从实证角度验证了国家审计在改进内部控制方面的作用，丰富了国家审计对国有企业监督的实证研究。

第六章

国家审计与
会计师事务所行为研究

第六章
国家审计与会计师事务所行为研究

本章考察国家审计对注册会计师审计行为的影响。由于注册会计师审计本身的固有局限性,以及社会审计执业环境缺陷会对注册会计师执业行为产生影响,社会审计质量需要国家审计的再监督。本章基于央企审计结果公告,考察审计署对国有控股公司的审计检查,是否会影响所聘的注册会计师的审计质量和审计收费。

第一节 研究概述

注册会计师审计本身有其固有的局限性(柳宁,2003):①上市公司与对其年报进行审计的会计师事务所是委托与被委托的关系,注册会计师在工作中既要对受托单位的会计信息进行客观公正的审计,又要向它收取审计费用,这就使注册会计师在执业时往往难以违背其"衣食父母"的意愿。②由于受到自身审计技术、方法、成本、时间等因素的限制,注册会计师审计并不能完全保证其审计后的会计报表数据绝对真实,尤其在委托单位管理层蓄意作弊的情况下,更不能保证检查出所有错弊。③少数注册会计师业务素质不高,职业道德低下导致社会审计报告失真。同时,社会审计执业环境缺陷,会影响注册会计师的审计作用:①整个社会的信用体系尚未完全建立,各种"虚假"作为加大了注册会计师执业的成本和风险；②由于上市公司的好坏往往涉及所在地区的利益与形象，因此上市公司与会计师事务所和政府部门都有着千丝万缕的联系，存在着一些行政行为影响注册会计师发表审计意见的现象；③公司治理结构的不完善，导致注册会计师审计行为缺少监督，注册会计师独立性大打折扣。

监督并核查注册会计师审计质量是国家审计的职能之一。国家审计不同于社会审计。一方面，审计署与被审单位不存在任何利益关系，审计人员的奖励和晋升与其所发现问题的严重程度相挂钩，因此更有助于激励其保持独立性。另一方面，审计署有专门从事国有企业审计的部门，他们具有丰富的知识和经验，执业能力较强。审计署对国有企业的审计检查也是对其聘任的注册会计师审计质量的监督：揭露和惩罚审计师不规范、不独立的行为，促进审计师勤勉执业并保持独立性。

审计署审计央企，除了影响管理层的财务报告行为外，还会影响提供社会审计服务的会计师事务所对企业财务报告的审计行为。央企控股上市公司需要聘请会计师事务所进行年度财务报告的法定审计，但在审计署审计检查的背景下，不同类型的会计师事务所审计后的财报质量和公司治理水平可能存在差异。西方审计市场的实践表明，大型会计师事务所的独立性和专业胜任能力较高，它们往往是高质量审计服务的代名词（Kim et al.，2003；Chen et al.，2011）。从审计后的结果看，大所审计后的会计信息质量和公司治理水平比小所审计后的会计信息质量和公司治理水平要高。在这种情况下，国家审计对高质量的大所审计结果的促进作用可能比较有限，对低质量的小所审计结果的促进作用会比较显著。央企控股上市公司虽未直接接受审计署的审计检查，但政府审计对注册会计师而言是较为强烈的"监督信号"，因此能够促使注册会计师尤其是低质量小所的注册会计师增强执业谨慎性。同时国家审计公告曝光客户集团公司的负面信息也会导致注册会计师提高对客户的风险评价等级，因此注册会计师在审

第六章
国家审计与会计师事务所行为研究

计过程中会秉持更加谨慎的执业态度，加大审计资源的投入，执行更多的审计程序，收集更多的审计证据，以保证财务报表不存在重大错误。

基于审计署 2010~2014 年公布的央企审计结果公告，本章对前述三个章的实证模型按照承担年报审计的会计师事务所规模大小进行分组回归（是否"四大"或"十大"），考察了国家审计对注册会计师审计质量的影响。研究发现，国家审计能够显著提高小所审计公司的会计稳健性，抑制小所审计公司的过度投资行为，提升小所审计公司的内部控制质量，而对大所审计公司则无显著影响。因此，国家审计能够对注册会计师的执业行为起到警示作用，能够提高小所审计公司的会计信息质量和治理水平。

在社会审计收费上，李青原和马彬彬（2017）研究发现，国家审计能够显著提高央企控股上市公司的社会审计定价，且政府涉及财务收支的处罚程度越严重，相关性越强，同时研究发现国家审计的这种效应主要存在于非"十大"所（小所）审计的央企控股上市公司中。本章在此研究的基础之上进一步考察审计署二次审计对社会审计定价的影响，发现与首次审计相比，审计署二次审计并没有进一步提高社会审计收费，但按照会计师事务所规模分类后的研究结果表明，非"十大"所即小所的社会审计收费显著提高。这说明国家审计主要影响小所的社会审计收费。

本章的研究贡献在于：①实证证据表明国家审计有助于改善低质量的小所社会审计质量，提高小所社会审计收费。审计署审计检查的直接对象是央企集团，能对集团公司的审计检查能够起到警示作用。下属控股上市公司虽未直接接受审计署审计检查，但注册会计师的执业行为可能会更加谨慎，从而提高对上市公司财务报告的保证程度。相较于审计质量较高的大所，低质量的小所审计行为更有可能受到影响。②西方文献缺乏检验政府审计对社会审计影响的背景。本章利用审计署审计央企的契机，提供了国家审计对社会审计影响的经验证据。

第二节 制度背景

审计署自 1983 年成立之初,就被赋予了管理社会审计组织的职责。1988 年 7 月审计署成立审计体系指导司和社会审计管理处,专门研究如何加强对社会审计工作的管理和指导。1993 年《关于印发审计署职能配置内设机构和人员编制方案》指出,审计署的职责之一是指导监督注册会计师协会及会计师事务所。1998 年《关于国务院机构改革方案的决定》将指导管理社会审计组织的职能划归于财政部,但审计署仍保留监督社会审计质量的职责,其中就包括对央企审计报告质量的监督职责。

2005 年 9 月,审计署公布了 16 家具有上市公司审计资格的会计师事务所审计质量的检查报告,发现有 14 家事务所的 37 名注册会计师出具的 19 份审计报告存在失实或疏漏问题。审计署将检查情况上报国务院,将存在问题的上市公司、负责审计的会计师事务所及注册会计师,移送财政部和证监会处理。说明审计署发挥了对社会审计质量的监督职责。

第三节 理论分析与研究假设

注册会计师有责任保证财务报表的准确性与完整性。如果因失职未能发现重大错报,可能会面临来自行业自律组织、证券监管部门及其他政府监管部门的行政处罚以及客户及第三者的民事诉讼,甚至可能被追究刑事责任。因此，国家审计在揭露问题时，对社会审计有风险警示的作用，能间接地影响社会审计的决策行为及其社会声誉（李青原和马彬彬，2017）。由于国家审计具有的强大的威慑力、公信力以及更强的独立性（陈宋生等，2013），国家审计公告制度社会影响广泛。国家审计公告揭露的问题越严重，越容易引起媒体的关注（王春飞和郭云南，2015）。在公众舆论的压力之下，注册会计师担心审计失败对声誉造成不良影响。同时，国家审计公告曝光的客户集团公司的负面信息也会导致注册会计师提高对客户的风险评价等级，注册会计师在审计过程中会秉持更加谨慎的执业态度，加大审计资源的投入，执行更多的审计程序，收集更多的审计证据，以保证财务报表不存在重大错误，并最终使审计收费增加。大型事务所通常被认为是高质量审计服务的提供者（DeAngelo，1981），由于大所的审计质量和审计收费已经较高，审计署审计监督对小所注册会计师执业行为更容易产生警示效应。

就会计稳健性而言，不同类型的会计师事务所审计后的财务报告稳健性可能存在差异。一方面，西方审计市场的实践表明，大型会计师事务所的独立性和专业胜任能力较强，往往是高质量审计服务的代名词（Kim et al.，2003；Chen et al.，2011）。从会计信息质量的角度看，大所审计后的财务报告稳健性应比小所审计后的财务报告稳健性要高。在这种情况下，国家审计对高稳健性的大所审计结果的促进作用可能比较有限，对低稳健性的小所审计结果的促进作用会比较显著。另一方面，根据声誉机制，大型会计师事务所对其声誉重视程度更高，更加不希望被审计署审计检查揭露问题及承担事后惩罚措施导致的不良后果。因此在预计到国家审计的情况下，大所更有可能事前采取措施改善财务报告稳健性，从而国家审计对大所审计稳健性的促进作用不及对小所审计稳健性的促进作用显著。

就过度投资而言，已有的研究表明高质量的注册会计师审计可以改进投资效率。近些年来，随着我国法律和监管环境的改善，会计师事务所的做大做强和组织形式的转变，会计师事务所面临的法律风险和监管风险都在提高。大型会计师事务所（包括"四大"）提供了更高质量的审计服务，已有的研究也证实了这一观点（宋衍蘅和肖星，2012；林永坚和王志强，2013），因此大所审计对公司投资行为的监督效果更好，投资效率更高，国家审计的边际效应可能更低。小所由于专业能力和独立性不如大所，其审计所发现的问题相对有限。这时国家审计的监督可能更有效地纠正公司的非效率投资行为，从而对小所审计公司的投资效率的促进作用更加显著。

就内部控制而言，国家审计在发现企业内部控制不健全，而要求其完善内部控制时，会通过边审计边督促整改的方式促使企业建立健全整改追踪检查机制，保证内部控制整改意见得到落实。注册会计师在实施财务报告审计时，也会了解和测试财务报告的内部控制质量，评价内部控制的有效性，进而决定审计的实质性测试的性质、时间和范围。注册会计师会对财务报告内部控制的有效性发表审计意见，并对注意到的非财务报告内部控制重大缺陷进行披露，但建立健全和有效实施内部控制是企业自身的责任，企业管理层有权决定是否根据注册会计师的审计意见进行纠正，因此注册会计师对内部控制的整改力度不及国家审计。由于小所的权威性和能力水平均低于大所，因此小所审计公司更有可能在内部控制方面存在问题，因此，国家审计对小所审计公司内部控制的改进作用更加显著。

就审计收费而言，大所具有一贯的执业习惯和执业标准，且审计收费已经较高。小所执业的一贯性弱于大所，面对审计署的审计检查，更有可能改变审计努力程度，并随着审计努力程度的提高相应提高审计收费。因此预计国家审计对小所审计收费的影响可能更加显著。

基于上述分析，我们提出假设如 H6-1 和 H6-2 所示：

H6-1：国家审计更有可能影响小所审计公司的会计信息质量和治理水

第六章
国家审计与会计师事务所行为研究

平,表现为国家审计对会计稳健性的提升作用、对过度投资的抑制作用和对内部控制的改善作用在小所审计公司更加显著。

H6-2:国家审计更可能对小所社会审计收费的提升具有正面影响。

第四节 实证分析

一、回归分析

与前述章节的数据来源和研究设计相同,同样基于审计署 2010~2014 年发布的央企财务收支和专项调查(利润分配与投资情况)审计公告,采用倾向值得分匹配和双重差分模型,将前述章节的回归模型按照会计师事务所规模进行分组回归。回归结果见表 6-1、表 6-2、表 6-3。

表 6-1 为基于财务报告稳健性的分组回归,表 6-1 中结果显示小所审计的上市公司中,系数显著为正,而在大所审计的上市公司中,系数并不显著,这表明国家审计改进财务报告全年稳健性更多体现在小所审计的公司中。

表 6-1 会计稳健性分组回归

变量	小所审计组		大所审计组	
	系数	t 值	系数	t 值
Constant	0.0549***	3.77	0.1622***	5.46
$DR_{i,t}$	0.0045	0.53	−0.0075	−0.28

续表

变量	小所审计组		大所审计组	
	系数	t 值	系数	t 值
$R_{i,t}$	0.0123	1.31	-0.0902	-1.44
$DR_{i,t} \times R_{i,t}$	0.0342	1.24	0.1255	1.15
$Audit_{i,t}$	-0.0049	-0.67	-0.0537**	-2.05
$DR_{i,t} \times Audit_{i,t}$	-0.0073	-0.70	0.0723*	1.69
$R_{i,t} \times Audit_{i,t}$	-0.0005	-0.03	0.1706*	1.73
$DR_{i,t} \times R_{i,t} \times Audit_{i,t}$	-0.0659*	-1.96	-0.1089	-0.83
$Post_{i,t}$	0.0004	0.04	-0.0055	-0.27
$DR_{i,t} \times Post_{i,t}$	-0.0064	-0.51	-0.0109	-0.35
$R_{i,t} \times Post_{i,t}$	-0.0119	-0.62	0.1146	1.58
$DR_{i,t} \times R_{i,t} \times Post_{i,t}$	-0.0098	-0.25	-0.0824	-0.70
$Audit_{i,t} \times Post_{i,t}$	0.0137	1.28	0.0202	0.62
$DR_{i,t} \times Audit_{i,t} \times Post_{i,t}$	-0.0014	-0.09	-0.0334	-0.67
$R_{i,t} \times Audit_{i,t} \times Post_{i,t}$	-0.0093	-0.39	-0.1676	-1.50
$DR_{i,t} \times R_{i,t} \times Audit_{i,t} \times Post_{i,t}$	0.1138**	2.41	0.1648	1.12
Year & Industry	Control		Control	
N	963		141	
Adjusted R^2	7.79%		41.85%	

注：小所指非"四大"所；回归模型中连续变量已经过缩尾处理（1%，99%）；*** 表示在1%的水平下显著不为0，** 表示在5%的水平下显著不为0，* 表示在10%的水平下显著不为0；t 值为经 White 异方差修正后的稳健 t 值。

表6-2 为过度投资的分组回归，表6-2 中结果显示在小所审计的公司中，系数（-0.0217）显著为负，而在大所审计的上市公司中，系数（-0.0004）为负数，但并不显著，这表明国家审计有助于抑制小所审计公司的过度投资，而对大所审计的公司则无显著影响。

表 6-2 过度投资分组回归

变量	小所审计组		大所审计组	
	系数	t 值	系数	t 值
Constant	0.1416*	1.70	0.0010	0.02
$Post_{i,t}$	0.0091	1.14	0.0059	0.72
$Audit_{i,t}$	0.0108	1.32	−0.0036	−0.54
$Post_{i,t} \times Audit_{i,t}$	−0.0217**	−2.30	−0.0004	−0.06
$Size_{i,t}$	−0.0087**	−2.25	0.0010	0.42
$TobinQ_{i,t}$	−0.0060*	−1.70	−0.0002	−0.09
$FCF_{i,t}$	0.0671*	1.89	0.0567**	2.59
$ROA_{i,t}$	0.0254	0.34	0.0442	0.89
$Lev_{i,t}$	0.0154	0.93	−0.0014	−0.10
$Turnover_{i,t}$	−0.0027	−0.53	−0.0061	−1.05
$SEO_{i,t}$	0.0083	0.30	0.0307	1.14
$Concentrate_{i,t}$	−0.0463	−1.59	−0.0088	−0.57
$Balance_{i,t}$	−0.0089	−1.18	0.0004	0.07
$Manager_{i,t}$	−0.8057	−1.12	0.3541	1.45
$Indep_{i,t}$	0.0214	0.28	0.0088	0.20
$Board_{i,t}$	0.0254***	2.75	−0.0033	−0.47
$Age_{i,t}$	−0.0007	−0.11	−0.0020	−0.56
$Bothpost_{i,t}$	−0.0044	−0.35	0.0037	0.42
Year & Industry	Control		Control	
N	201		289	
Adjusted R^2	19.93%		8.80%	

注：小所指非"十大"所，回归模型中的连续变量已经过缩尾处理（1%，99%）；***、**和*分别表示1%、5%和10%的显著性水平；t值为经White异方差及公司聚类（Cluster by Stkcd）修正后的稳健t值。

同样表 6-3 为基于内部控制的分组回归，表中结果显示在小所审计的上市公司中，系数（0.1831）显著为正，而在大所审计的上市公司中，系数并不显著，这表明国家审计改进内部控制质量更多体现在小所审计的公司中。

表 6-3 内部控制分组回归

变量	小所审计组		大所审计组	
	系数	t 值	系数	t 值
$Post_{i,t}$	-0.1358**	-2.07	-0.4425**	-2.49
$Audit_{i,t}$	-0.1229*	-1.69	-0.0690	-0.31
$Post_{i,t} \times Audit_{i,t}$	0.1831**	2.21	0.2632	1.26
$Size_{i,t}$	0.3861***	9.71	0.6139***	8.22
$Lev_{i,t}$	-0.6024***	-3.84	-2.3172***	-3.36
$ROE_{i,t}$	3.1861***	10.53	3.4425***	6.13
$Age_{i,t}$	0.0210	0.65	0.0187	0.24
$H\_10_{i,t}$	0.0617	0.32	-0.4963	-0.73
$TobinQ_{i,t}$	0.0393	1.62	-0.0740	-0.66
$OP_{i,t}$	-0.3587**	-2.08	1.8246***	5.58
$LnFee_{i,t}$	0.0388	0.69	-0.0281	-0.33
$Manager_{i,t}$	-1.4915	-0.62	-65.7512*	-1.95
$Consistent_{i,t}$	-0.0853	-0.83	0.0982	0.38
Constant	-1.1664	-1.39	-5.6066***	-4.07
Year & Industry	Control		Control	
N	1078		191	
Adjusted R^2	51.62%		68.78%	

注：小所指非"四大"所；回归模型中的连续变量已经过缩尾处理（1%，99%）；***、**和*分别表示1%、5%和10%的显著性水平；t值为经White异方差及公司聚类（Cluster by Stkcd）修正后的稳健t值。

因此，综合分析表6-1、表6-2、表6-3可知，国家审计主要影响小所审计公司的会计信息质量和治理水平，表现为小所审计公司的会计稳健性提高，过度投资水平下降，内部控制水平提高，H6-1得到验证。

在社会审计收费问题上，由于李青原和马彬彬（2017）研究发现，国家审计能够显著提高央企控股上市公司的社会审计定价，且政府涉及财务收支的处罚程度越严重，相关性就越强。同时发现国家审计的这种效应主要存在于非"十大"所即小所审计的央企控股上市公司中。本章在此研究的基础之上进一步考察了审计署二次审计对社会审计定价的影响，回归结果如表6-4所示。

表6-4 审计署二次审计对审计收费的影响

变量	小所审计组		大所审计组	
	系数	t值	系数	t值
Constant	3.390***	3.00	0.502	0.48
$Second_{i,t}$	-0.277**	-2.32	0.049	0.57
$Audit_{i,t}$	-0.484	-0.99	-0.354	-0.93
$Second_{i,t} \times Audit_{i,t}$	0.449**	2.61	-0.097	-0.73
$Size_{i,t}$	0.365***	9.58	0.478***	17.75
$Cata_{i,t}$	-0.069	-0.27	-0.530*	-1.86
$ROE_{i,t}$	-0.555	-1.31	0.556	1.64
$Arinv_{i,t}$	0.066	0.24	0.845**	2.29
$Loss_{i,t}$	-0.330*	-1.84	0.022	0.14
$OP_{i,t}$	-0.053	-0.30	0.432*	1.66
$LnperGDP_{i,t}$	0.213**	2.34	0.268***	3.26
$Change_{i,t}$	-0.260**	-2.46	-0.067	-0.71

续表

变量	小所审计组		大所审计组	
	系数	t 值	系数	t 值
$Amount_{i,t}$	0.034	0.75	0.024	0.70
$YS_{i,t}$	−0.084	−0.51	0.182	1.49
Year & Industry	Control		Control	
N	107		201	
Adjusted R^2	60.4%		73.8%	

注：小所指非"十大"所；Second=0，代表审计署首次审计，Second=1，代表审计署二次审计；***、**和*分别表示1%、5%和10%的显著性水平；t值为经White异方差调修正的稳健t值。

分析表6-4可知，从全样本看，与首次审计相比，审计署二次审计并没有进一步提高社会审计收费（交叉项$Second_{i,t} \times Audit_{i,t}$系数为正但不显著），但按会计师事务所规模分组回归的结果显示，审计署二次审计能够显著提高非"十大"所即小所的社会审计收费，H6-2得到验证。

二、稳健性检验

我们对会计稳健性和过度投资按照事务所类型分组回归的结果进行了稳健性检验。

为减少稳健性指标的计量误差，Basu模型中的$R_{i,t}$除采用经市场调整的Buy-and-Hold收益率外，此处还采用经市场调整的累计回报率进行计算，结果如表6-5所示。分析表6-5可知，在使用替代性会计稳健性衡量指标下，国家审计主要改善的是小所审计公司的会计稳健性，能够得到与本章一致的结论。

表6-5 采用经市场调整的累计收益率计算会计稳健性

变量	小所审计组		大所审计组	
	系数	t值	系数	t值
Constant	0.0390***	3.39	0.0693***	3.00
$DR_{i,t}$	0.0004	0.04	0.0068	0.66
$R_{i,t}$	0.0072	0.40	−0.0791	−1.36
$DR_{i,t} \times R_{i,t}$	0.0254	0.73	0.1699*	1.76
$Audit_{i,t}$	−0.0047	−0.49	−0.0482*	−1.88
$DR_{i,t} \times Audit_{i,t}$	−0.0015	−0.12	0.0295	0.86
$R_{i,t} \times Audit_{i,t}$	0.0007	0.03	0.1730*	1.67
$DR_{i,t} \times R_{i,t} \times Audit_{i,t}$	−0.0518	−1.16	−0.2592*	−1.81
$Post_{i,t}$	0.0022	0.18	−0.0099	−0.45
$DR_{i,t} \times Post_{i,t}$	−0.0391	(−1.07)	−0.0155	−0.72
$R_{i,t} \times Post_{i,t}$	0.0023	(0.07)	0.1564**	2.04
$DR_{i,t} \times R_{i,t} \times Post_{i,t}$	−0.1035	(−0.96)	−0.1702	−1.43
$Audit_{i,t} \times Post_{i,t}$	0.0138	(1.10)	0.0230	0.69
$DR_{i,t} \times Audit_{i,t} \times Post_{i,t}$	0.0325	(0.77)	−0.0073	−0.15
$R_{i,t} \times Audit_{i,t} \times Post_{i,t}$	−0.0102	(−0.30)	−0.2247*	−1.84
$DR_{i,t} \times R_{i,t} \times Audit_{i,t} \times Post_{i,t}$	0.3528**	(2.02)	0.1981*	1.84
Year & Industry	Control		Control	
N	963		141	
Adjusted R^2	4.50%		39.97%	

注：连续变量已经过缩尾处理（1%，99%）；*** 表示在1%的水平下显著不为0，** 表示在5%的水平下显著不为0，* 表示在10%的水平下显著不为0；t值为经White异方差修正后的稳健t值。

在过度投资部分，与第四章类似，我们同时采用投资—投资机会敏感度模型来衡量企业的投资效率，以检验国家审计对不同类型会计师事务所审计公司的过度投资行为的影响，检验结果如表 6-6 所示。分析表 6-6 可知，采用投资—投资机会敏感度模型衡量过度投资能够得到与本章一致的结论：国家审计能够抑制小所审计公司的过度投资行为。

表 6-6 采用投资—投资机会敏感度模型衡量投资效率

变量	小所审计组		大所审计组	
	系数	t 值	系数	t 值
Constant	-0.1536	-1.28	0.0321	0.39
$Post_{i,t}$	0.0330**	2.01	-0.0169	-1.40
$Audit_{i,t}$	0.0130	0.81	-0.0024	-0.14
$Post_{i,t} \times Audit_{i,t}$	-0.0515***	-2.96	0.0013	0.08
$Size_{i,t}$	0.0095	1.28	0.0065	1.13
$TobinQ_{i,t}$	-0.0129*	-1.92	0.0025	0.55
$FCF_{i,t}$	-0.0091	-1.28	-0.0068	-1.08
$ROA_{i,t}$	0.0229**	2.54	0.0033	0.44
$Lev_{i,t}$	0.0078	1.39	0.0019	0.60
$Turnover_{i,t}$	0.2005***	3.27	0.1576***	3.54
$SEO_{i,t}$	-0.0629	-0.67	0.1692***	2.72
$Concentrate_{i,t}$	0.0471**	2.20	0.0327	1.60
$Balance_{i,t}$	0.2902***	4.10	0.2081***	3.59
$Manager_{i,t}$	-0.0420	-1.12	-0.0095	-0.42
$Indep_{i,t}$	-0.0010	-0.09	0.0127	1.53

续表

变量	小所审计组		大所审计组	
	系数	t 值	系数	t 值
$Board_{i,t}$	-0.1896	-0.74	-0.1910	-0.75
$Age_{i,t}$	-0.0186	-0.22	0.0209	0.33
$Bothpost_{i,t}$	0.0075	0.50	0.0020	0.18
Year & Industry	Control		Control	
N	415		634	
Adjusted R^2	21.56%		24.65%	

注：以616组PSM得到的观测为分析样本。去除因变量缺失个体及其他缺失变量个体后，共有1049个有效观测。回归中的连续变量已经过缩尾处理（1%，99%）；***、**和*分别表示1%、5%和10%的显著性水平；t值为经White异方差及公司聚类（Cluster by Stkcd）修正后的稳健t值。

第五节 研究结论

本章的研究结论表明，国家审计会影响注册会计师审计行为，主要有助于改善低质量的小所的社会审计质量，提高小所的社会审计收费。审计署审计检查的直接对象是央企集团，对集团公司的审计检查能够起到警示作用，下属控股上市公司虽未直接接受审计署审计检查，但注册会计师的执行行为可能会更加谨慎，从而提高了对上市公司财务报告的保证程度，由于大所的审计质量已经较高，低质量的小所审计行为更有可能受到积极影响。

本章证明了国家审计有助于改善社会审计质量。这将帮助监管部门和学术界更好地认识国家审计的作用边界，提示监管部门应加大对社会审计机构执业质量的监督力度，促进事务所审计质量持续、长久地提高。未来的研究可以延长对比的时间区间长度，探究国家审计对注册会计师审计质量作用的持续性情况，并根据审计公告的内容对被审样本进行分类，为国家审计对注册会计师审计质量的影响进一步提供证据。

第七章

总 结

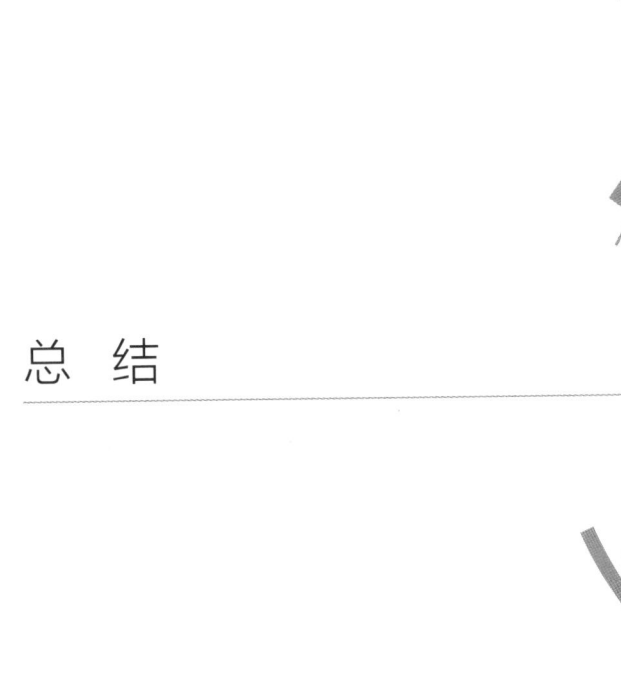

第七章
总　结

本书基于审计署央企审计结果公告，对国家审计的央企治理效应进行归纳总结和研究。具体来讲，首先通过对 2010~2017 年审计署审计结果公告的统计分析，归纳被审计央企的基本特征，分析审计署发现央企近年来存在的主要问题，提出改善央企审计的建议。然后分章节分析国家审计对央企控股上市公司的会计信息质量（会计稳健性）、投资行为（过度投资）、内部控制的影响。研究发现，国家审计能够显著改进央企控股上市公司的财务报告稳健性，抑制央企控股上市公司的过度投资行为，改善央企控股上市公司的内部控制质量。最后，本书考察审计署对央企的审计检查是否会影响下属上市公司所聘的注册会计师的审计质量和审计收费。会计师事务所规模分组回归的结果表明，国家审计提高的主要是小所审计公司的审计质量和审计收费，表现为小所审计公司的财务报告稳健性提高，过度投资行为受到抑制，内部控制得到改善。

本书希望通过对国家审计央企治理效应的归纳总结，帮助读者明确国家审计的作用边界，并对监管层制定政策提供一定的建议。本书的研究结论证明了审计署审计监督的有效性。鉴于现阶段国有企业在关系国家安全和国民经济命脉的主要行业和关键领域仍然占据支配地位，对国有企业尤其是央企的监督显得尤为重要。因此，国家审计部门应继续发挥国家审计在国家治理中的积极作用，监督并进一步提高国有企业的治理水平。

参考文献

[1] 蔡春.受托经济责任——现代会计、审计之魂[J].会计之友,2000(10):15.

[2] 蔡春,李江涛,刘更新.政府审计维护国家经济安全的基本依据、作用机理及路径选择[J].审计研究,2009(4):7-11.

[3] 蔡春,朱荣,蔡利.国家审计服务国家治理的理论分析与实现路径探讨——基于受托经济责任观的视角[J].审计研究,2012(1):6-11.

[4] 蔡利,何雨,王瑜.连续审计在政府审计维护金融安全中的运用研究——基于系统性风险监控的视角[J].审计研究,2013(6):45-51.

[5] 蔡利,马可呐.政府审计与国企治理效率——基于央企控股上市公司的经验证据[J].审计研究,2014(6):48-56.

[6] 蔡利,周微.政府审计与银行业系统性风险监控研究[J].审计研究,2016(2):50-57.

[7] 曹源芳,王家华.金融机构经营风险的"羊群效应"与政府审计治理机制研究——基于2016年金融机构资产负债损益审计结果的分析[J].经济体制改革,2017(3):142-146.

[8] 程军,刘玉玉.国家审计与地方国有企业创新——基于经济责任

审计的视角［J］. 研究与发展管理，2018，30（2）：82-92.

［9］陈丽红，张龙平，朱海燕. 国家审计能发挥反腐败作用吗？［J］. 审计研究，2016（3）：48-55.

［10］陈宋生，董旌瑞，潘爽. 审计监管抑制盈余管理了吗？［J］. 审计与经济研究，2016（3）：10-20.

［11］陈宋生，陈海红，潘爽. 审计结果公告与审计质量——市场感知和内隐真实质量双维视角［J］. 审计研究，2014（2）：18-26.

［12］池国华，杨金，邹威. 高管背景特征对内部控制质量的影响研究——来自中国 A 股上市公司的经验证据［J］. 会计研究，2014（11）：67-74.

［13］程晓陵，王怀明. 公司治理结构对内部控制有效性的影响［J］. 审计研究，2008（4）：53-61.

［14］褚剑，方军雄. 政府审计能够抑制国有企业高管超额在职消费吗？［J］. 会计研究，2016（9）：82-89.

［15］褚剑，方军雄. 政府审计的外部治理效应：基于股价崩盘风险的研究［J］. 财经研究，2017，43（4）：133-145.

［16］董卉娜，朱志雄. 审计委员会特征对上市公司内部控制缺陷的影响［J］. 山西财经大学学报，2012（1）：114-124.

［17］董延安. 我国政府审计对预算执行权控制效果的实证研究［J］. 审计月刊，2006（21）：5-7.

［18］方红星，金玉娜. 公司治理、内部控制与非效率投资：理论分析与经验证据［J］. 会计研究，2013（7）：63-69.

［19］郭劲光. 国家治理架构下民生审计的公民回应性及其指标测度［J］. 宏观经济研究，2013（7）：32-38.

［20］黄溶冰，王跃堂. 我国省级审计机关审计质量的实证分析

(2002—2006)[J].会计研究,2010(6):70-76.

[21] 京津冀特派办课题组.政府审计在宏观调控中发挥作用研究[J].审计研究,2006(3):23-27.

[22] 雷辉,刘婵妮.董事会特征对内部控制质量的影响——基于我国A股上市公司面板数据研究[J].系统工程,2014(9):11-18.

[23] 李江涛,苗连琦,梁耀辉.经济责任审计运行效果实证研究[J].审计研究,2011(3):24-30.

[24] 李江涛,曾昌礼,徐慧.国家审计与国有企业绩效——基于中国工业企业数据的讲演证据[J].审计研究,2015(4):47-54.

[25] 李金华.国家审计是国家治理的工具[J].财经,2004(24):42-44.

[26] 李金华.中国审计25年回顾与展望[M].北京:人民出版社,2008.

[27] 李景鹏.中国走向"善治"的路径选择[J].中国行政管理,2001(9):16-16.

[28] 李坤.国家治理机制与国家审计的三大方向[J].审计研究,2012(4):20-25.

[29] 李明,聂召.国家审计促进地方经济发展的作用研究——来自省级地方政府的经验证据[J].审计研究,2014(6):36-41.

[30] 李青原.会计信息质量、审计监督与公司投资效率——来自我国上市公司的经验证据[J].审计研究,2009(4):65-73.

[31] 李青原,陈超,赵曌.最终控制人性质、会计信息质量与公司投资效率——来自中国上市公司的经验证据[J].经济评论,2010(2):81-93.

[32] 李青原,马彬彬.国家审计与社会审计定价:顺风车还是警示

灯?——基于我国央企控股上市公司的经验证据[J]. 经济管理, 2017 (7): 149-162.

[33] 李庆玲, 沈烈. 近年国际内部控制研究动态: 一个文献综述[J]. 经济管理, 2016 (5): 187-199.

[34] 李小波. 国家审计的国有企业审计目标及效果研究[M]. 北京: 中国时代经济出版社, 2014.

[35] 李小波, 吴溪. 国家审计公告的市场反应: 基于央企审计结果的初步分析[J]. 审计研究, 2013 (4): 85-92.

[36] 李享. 美国内部控制实证研究: 回顾与启示[J]. 审计研究, 2009 (1): 87-96.

[37] 林永坚, 王志强. 国际"四大"的审计质量更高吗?——来自中国上市公司的经验证据[J]. 财经研究, 2013 (6): 73-83.

[38] 凌文. 央企控股上市公司九大热点问题研究[J]. 管理世界, 2012 (1): 2-8.

[39] 刘峰, 周福源. 国际四大意味着高审计质量吗?——基于会计稳健性角度的检验[J]. 会计研究, 2007 (3): 79-87.

[40] 刘桂良, 周英. 价值链视角下的政府审计反腐功能分析——基于地方审计机关审计情况统计的经验数据[J]. 系统工程, 2014 (5): 92-97.

[41] 刘家义. 以科学发展观为指导, 推动审计工作全面发展[J]. 审计研究, 2008 (3): 3-9.

[42] 刘家义. 国家审计与国家治理[J]. 中国审计, 2011 (16): 3-11.

[43] 刘家义. 论国家治理与国家审计[J]. 中国社会科学, 2012 (6): 60-72.

[44] 刘家义. 国家治理现代化进程中的国家审计: 制度保障与实践逻

辑［J］．中国社会科学，2015（9）：64-83．

［45］刘津宇，王正位，朱武祥．过度投资的理论与实证研究：综述与反思［J］．投资研究，2014（8）：4-16．

［46］刘雷，崔云，张筱．政府审计维护财政安全的实证研究——基于省级面板数据的经验证据［J］．审计研究，2014（1）：35-42．

［47］刘星，刘理，窦炜．融资约束、代理冲突与中国上市公司非效率投资行为研究［J］．管理工程学报，2014（3）：64-73．

［48］刘泽照，梁斌．政府审计可以抑制腐败吗？——基于1999~2012年中国省级面板数据的检验［J］．上海财经大学学报，2014（1）：42-51．

［49］刘志红．防范系统性金融风险的审计视角［J］．审计研究，2011（6）：16-20．

［50］柳建华，卢锐，孙亮．公司章程中董事会对外投资权限的设置与企业投资效率——基于公司章程自治的视角［J］．管理世界，2015（7）：130-142．

［51］柳宁．浅析国家审计对社会审计组织上市公司审计质量的监督检查［J］．审计研究，2003（5）：46-48．

［52］吕长江，张海平．股权激励计划对公司投资行为的影响［J］．管理世界，2011（11）：118-126．

［53］逯东，付鹏，杨丹．媒体类型、媒体关注与上市公司内部控制质量［J］．会计研究，2015（4）：78-85．

［54］逯东，王运陈，付鹏．CEO激励提高了内部控制有效性吗？［J］．会计研究，2014（6）：66-72．

［55］黎仁华．审计对企业纳税筹划行为的识别［J］．财经科学，2003（5）：121-124．

［56］聂新军，张立民．我国地方政府审计结果公告影响因素实证分

析——来自广东、江西两省审计机关的证据［J］.宏观经济研究，2009（6）：69-73.

［57］马轶群，黄步龙，史安娜.契约规制下政府审计"屡审屡犯"问题研究［J］.审计与经济研究，2011（3）：20-25.

［58］毛捷，汪德华，白重恩.民族地区转移支付、公共支出差异与经济发展差距［J］.经济研究，2011（2）：75-87.

［59］孟焰，周卫华.国家审计理念的演进：从政府本位到社会本位［J］.审计与经济研究，2016（5）：3-10.

［60］聂萍，徐钦英.我国政府审计质量的实证研究——源于审计署特派办审计结果执行情况的经验数据［J］.财经理论与实践（双月刊），2012（1）：59-63.

［61］彭冲，汤二子，黄溶冰.政府审计功能协同与财政支出效率：理论与实证［J］.财经论丛（浙江财经大学学报），2017（11）：63-73.

［62］秦荣生.公共受托经济责任理论与我国政府审计改革［J］.审计研究，2004（6）：16-20.

［63］秦荣生.深化政府审计监督，完善政府治理机制［J］.审计研究，2007（1）：3-9.

［64］宋常，黄文炳.基于国家治理新动向的国家审计若干思考［J］.审计研究，2015（2）：7-13.

［65］审计署金融审计司课题组.审计机关在维护国家金融安全方面发挥作用的机制与路径［J］.审计研究，2010（1）：18-22.

［66］审计署金融审计司课题组.审计机关在防范系统性区域性金融风险方面发挥作用的机制研究［J］.审计研究，2015（4）：22-27.

［67］宋常，周长信，赵懿清，陈茜.政府审计信息披露质量及其评价研究［J］.当代财经，2010（7）：112-118.

[68] 宋达, 郑石桥. 政府审计对预算违规的作用: 抑制还是诱导?——基于中央部门预算执行审计数据的实证研究 [J]. 审计与经济研究, 2014 (6): 14-22.

[69] 宋衍蘅, 肖星. 监管风险、事务所规模与审计质量 [J]. 审计研究, 2012 (3): 83-89.

[70] 苏回水. 国家审计、经济权力异化治理与国有企业经营绩效关系研究——基于2007~2014年国有控股上市公司的经验数据 [J]. 西安财经学院学报, 2017, 30 (5): 57-62.

[71] 谭劲松, 宋顺林. 国家审计与国家治理: 理论基础和实现路径 [J]. 审计研究, 2012 (2): 3-8.

[72] 唐大鹏, 李鑫瑶, 刘永泽, 高嵩. 国家审计推动完善行政事业单位内部控制的路径 [J]. 审计研究, 2015 (2): 56-61.

[73] 唐凯桃. 国家审计与经济增长质量: 理论基础和实现路径 [J]. 会计之友, 2018 (2): 120-125.

[74] 唐建新, 古继洪, 付爱春. 政府审计与国家经济安全: 理论基础和作用路径 [J]. 审计文摘, 2008, 20 (5): 29-32.

[75] 唐雪松, 罗莎, 王海燕. 市场化进程与政府审计作用的发挥 [J]. 审计研究, 2012 (3): 25-31.

[76] 唐雪松, 周晓苏, 马如静. 上市公司过度投资行为及其制约机制的实证研究 [J]. 会计研究, 2007 (7): 44-52.

[77] 王兵, 李晶, 苏文兵, 唐逸凡. 行政处罚能改进审计质量吗?——基于中国证监会处罚的证据 [J]. 会计研究, 2011 (12): 86-92.

[78] 王兵, 王长友, 李越冬. 社会转型与国家审计的治理功用: 基于嵌入理论的视角 [J]. 审计与经济研究, 2014, 29 (4): 14-21.

[79] 王兵, 辛清泉. 分所审计是否影响审计质量和审计收费? [J].

审计研究，2010（2）：70-76.

[80] 王兵，张丽琴. 内部审计特征与内部控制质量研究 [J]. 南京审计学院学报，2015（1）：76-84.

[81] 王春飞，郭云南. 中央预算执行审计与媒体关注度——基于国家治理的视角 [J]. 中南财经政法大学学报，2015（6）：3-9.

[82] 王芳，周红. 政府审计质量的衡量研究：基于程序观和结果观的检验 [J]. 审计研究，2010（2）：24-29.

[83] 王会金，马修林. 政府审计与腐败治理——基于协同视角的理论分析与经验数据 [J]. 审计与经济研究，2017（6）：1-10.

[84] 王世谊，刘颖. 政府审计在维护国家经济安全中发挥作用的途径和方式 [J]. 审计研究，2009（4）：17-20.

[85] 王素梅，李兆东，陈艳娇. 论政府审计与国家经济安全 [J]. 中南财经政法大学学报，2009（1）：41-42.

[86] 王耘农，李歆，陈永康. 国家审计促进经济发展方式转变的实践与探索——基于重庆经济发展模式的思考 [J]. 审计研究，2011（4）：3-7.

[87] 韦德洪，覃智勇，唐松庆. 政府审计效能与财政资金运行安全性关系研究——基于审计年鉴数据的统计和实证研究 [J]. 审计研究，2010（3）：9-14.

[88] 吴秋生，郭檬楠. 国家审计督促国企资产保值增值的功能及其实现路径——基于十九大关于国企与审计管理体制改革要求的研究 [J]. 审计与经济研究，2018（5）：12-20.

[89] 吴秋生，郭檬楠. 国家审计"监"与"督"对国有企业资产保值增值的影响 [J]. 财经理论与实践，2018，39（5）：95-101.

[90] 吴秋生，郝诗萱. 论领导者权力对内部控制有效性的影响 [J].

审计与经济研究，2013（5）：32-39.

[91] 吴水澎，李奇凤. 国际四大、国内十大与国内非十大的审计质量——来自2003年中国上市公司的经验证据［J］. 当代财经，2006（2）：114-118.

[92] 吴益兵，廖义刚，林波. 股权结构对企业内部控制质量的影响分析——基于2007年上市公司内部控制信息数据的检验［J］. 当代财经，2009（9）：110-114.

[93] 肖振东，吕博. 从审计工作报告看国家审计发展［J］. 审计研究，2013（5）：17-22.

[94] 辛清泉，林斌，王彦超. 政府控制、经理薪酬与资本投资［J］. 经济研究，2007（8）：110-122.

[95] 辛清泉，王兵. 交叉上市、国际四大与会计盈余质量［J］. 经济科学，2010（4）：96-110.

[96] 邢维全. 国家审计、腐败与企业发展——基于世界银行企业问卷调查的实证分析［J］. 中国审计评论，2017（1）：9-21.

[97] 熊磊. 政府审计与纪检监察协同治理腐败机制的构建与实现路径［J］. 会计之友，2017（3）：116-119.

[98] 许汉友，徐香，朱鹏媛. 政府审计对CPA审计效率提升有传导效应吗？——基于国有控股上市公司审计的经验数据［J］. 审计研究，2018（3）：19-27.

[99] 徐倩. 不确定性、股权激励与非效率投资［J］. 会计研究，2014（3）：41-48.

[100] 杨迪. 对垄断性国有企业开展效益审计的探析及实证［J］. 审计研究，2006（2）：43-46.

[101] 杨英杰，郭瑞. 非居民企业反避税政策存在问题及政府审计发

挥作用的路径研究——以"儿童投资主基金税案"为例[J].审计研究,2018(4):35-43.

[102] 叶子荣,马东山.我国国家审计质量影响因素研究——基于2002~2007年省际面板数据的分析[J].审计与经济研究,2012(6):12-24.

[103] 余海宗,吴艳玲.合约期内股权激励与内部控制有效性——基于股票期权和限制性股票的视角[J].审计研究,2015(5):57-67.

[104] 喻坤,李治国,张晓蓉,徐剑刚.企业投资效率之谜:融资约束假说与货币政策冲击[J].经济研究,2014(5):106-120.

[105] 臧志军."治理":乌托邦还是现实?反思与超越——解读中国语境下的治理理论[J].探索与争鸣,2003(3):10-14.

[106] 翟华云.法律环境、审计质量与公司投资效率——来自我国上市公司的经验证据[J].南方经济,2010(8):29-40.

[107] 张纯,吕伟.信息披露、信息中介与企业过度投资[J].会计研究,2009(1):60-65.

[108] 张功富,宋献中.我国上市公司投资:过度还是不足?——基于沪深工业类上市公司非效率投资的实证度量[J].会计研究,2009(5):69-77.

[109] 张继德,纪佃波,孙永波.企业内部控制有效性影响因素的实证研究[J].管理世界,2013(8):179-180.

[110] 张金辉.国家审计促进转变经济发展方式的路径探析[J].审计研究,2014(3):33-37.

[111] 张军.国家审计与国家治理:美国的经验与启示[J].中央财经政法大学学报,2012(8):91-96.

[112] 张军.财政审计与现代财政制度构建——基于国家治理视角的

分析 [J]. 审计研究, 2015 (4): 11-15.

[113] 张俊民, 胡国强, 张硕. 国家审计服务国家治理实践研究: 基于 18 份审计工作报告的分析 [J]. 审计研究, 2013 (5): 10-16.

[114] 张立民, 邢春玉, 温菊英. 国有企业政治关联、政府审计质量和企业绩效——基于我国 A 股市场的实证研究 [J]. 审计与经济研究, 2015 (5): 3-14.

[115] 张良. 审计市场集中度一定能提高审计质量吗？[J]. 南京审计学院学报, 2012 (4): 89-95.

[116] 张文祥, 王羚, 马绪忠. 国家审计在宏观经济管理中的地位和作用研究 [J]. 审计研究, 2006 (6): 31-36.

[117] 张先治, 蒋美华. 国有企业改制中的政府审计问题研究 [J]. 财经问题研究, 2008 (3): 82-87.

[118] 张以宽. 新时期审计环境的变化和国家审计对企业审计监督的定位 [J]. 审计研究, 2000 (6): 11-16.

[119] 张颖, 郑洪涛. 我国企业内部控制有效性及其影响因素的调查与分析 [J]. 审计研究, 2010 (1): 75-81.

[120] 张曾莲, 杨智祯, 常浩然. 政府审计、政府债务对腐败的影响——基于 2009~2014 年省级政府数据的实证分析 [J]. 财会月刊, 2018 (4): 146-152.

[121] 郑伟, 徐萌萌, 戚广武. 内部审计质量与控制活动有效性研究——基于内部审计与内部控制的耦合关系及沪市上市公司经验证据 [J]. 审计研究, 2014 (6): 100-107.

[122] 周微, 刘宝华, 唐嘉尉. 非效率投资、政府审计与腐败曝光——基于央企控股上市公司的经验证据 [J]. 审计研究, 2017 (5): 46-53.

[123] 朱洪泽, 王淑梅. 审计机关核查社会审计质量的结果处理差异的实证研究 [J]. 审计研究, 2009 (6): 22-29.

[124] 朱荣. 国家审计提升政府透明度的实证研究——来自省级面板数据的经验证据 [J]. 审计与经济研究, 2014 (3): 23-30.

[125] 朱小平, 余谦. 我国审计收费影响因素之实证分析 [J]. 中国会计评论, 2004 (2): 393-408.

[126] 朱晓文, 王兵. 国家审计对注册会计师审计质量与审计收费的影响研究 [J]. 审计研究, 2016 (5): 53-62.

[127] Armstrong, C., Jagolinzer, A., Larcker, D. Chief executive officer equity incentives and accounting irregularities [J]. Journal of Accounting Research, 2010, 48 (2): 225-271.

[128] Basu, S. The conservatism principle and the asymmetric timeliness of earnings [J]. Journal of Accounting and Economics, 1997, 24 (1): 1-37.

[129] Bushee, B. J., Miller, G. S. Investor relations, firm visibility, and investor following [J]. The Accounting Review, 2012, 87 (3): 867-897.

[130] Bushman, R. M., Piotroski, J. D., Smith, A. J. What determines corporate transparency? [J] Journal of Accounting Research, 2004, 42 (2): 207-252.

[131] Cahan, S. F., Zhang, W. After enron: Auditor conservatism and ex-andersen clients [J]. The Accounting Review, 2006, 81 (1): 49-82.

[132] Chan, H. K., Wu, D. Aggregate quasi rents and auditor independence: Evidence from audit firm mergers in China [J]. Contemporary Accounting Research, 2011, 28 (1): 175-213.

[133] Chen, F., Peng, S. L., Xue, S., Yang, Z. F., Ye, F. T. Do audit clients successfully engage in opinion shopping? Partner-level evidence [J].

Journal of Accounting Research, 2016, 54 (1): 79-112.

[134] Chen, H., Chen, J. Z., Lobo, G. J., Wang, Y. Effects of audit quality on earnings management and cost of equity capital: Evidence from China [J]. Contemporary Accounting Research, 2011, 28 (3): 892-925.

[135] Chen, L., Ng, J., Tsang, A. The effect of mandatory IFRS adoption on international cross-listings [J]. The Accounting Review, 2014, 90 (4): 1395-1435.

[136] Chen, S., Sun, Z., Tang, S., Wu, D. Government intervention and investment efficiency: Evidence from China [J]. Journal of Corporate Finance, 2011, 17 (2): 259-271.

[137] Craswell, A. T., Francis, J. R. Pricing initial audit engagements: A test of competing theories [J]. The Accounting Review, 1999, 74 (2): 201-216.

[138] DeAngelo, L. Auditor independence, "low-balling" and disclosure regulation [J]. Journal of Accounting and Economics, 1981, 3 (2): 113-127.

[139] Dechow, P. M., Sloan, R. G. Detecting earnings management [J]. The Accounting Review, 1995, 70 (2): 193-225.

[140] DeFond, M. L., Zhang, J. A review of archival auditing research [J]. Journal of Accounting and Economics, 2014, 58 (2-3): 275-326.

[141] DeFond, M. L., Wong, T. J., Hua, L. S. The impact of improved auditor independence on audit market in China [J]. Journal of Accounting and Economics, 1999, 28 (3): 269-305.

[142] Donald, R. D., Gary, A. G. Determinants of audit quality in the public sector [J]. The Accounting Review, 1992, 67 (3): 462-479.

[143] Doyle, J., Ge, W., Mcvay, S. Determinants of weaknesses in inter-

nal control over financial reporting [J]. Journal of Accounting and Economics, 2007, 44 (1-2): 193-223.

[144] Fazzari, S., Hubbard, R., Petersen, B. Financing constraints and corporate investment [J]. Brooking Papers on Economic Activity, 1988 (1): 141-206.

[145] Ferguson, A., Francis, J. R., Stokes, D. J. The effects of firm-wide and office-level industry expertise on audit pricing [J]. The Accounting Review, 2003, 78 (2): 429-448.

[146] Francis, J. R., Krishnan, J. Accounting accruals and auditor reporting conservatism [J]. Contemporary Accounting Research, 1999, 16 (1): 135-165.

[147] Francis, J. R., Wang, D. The joint effect of investor protection and big 4 audits on earnings quality around the world [J]. Contemporary Accounting Research, 2008, 25 (1): 157-191.

[148] Grossman, S. J., Hart, O. D. The costs and benefits of ownership: A theory of vertical and lateral integration [J]. Journal of Political Economy, 1986, 94 (4): 691-719.

[149] Hardiman, P. F., Squires, Q., Smith, R. Audit quality for governmental units—part I [J]. The CPA Journal, 1987, 57 (9): 22-30.

[150] Hilary, G., Lennox, C. The credibility of self-regulation: Evidence from the accounting profession's peer review program [J]. Journal of Accounting and Economics, 2005, 40 (1-3): 211-229.

[151] Hung, C. K., Wu D. Aggregate quasi rents and auditor independence: Evidence from audit firm mergers in China [J]. Contemporary Accounting Research, 2011, 28 (1): 175-213.

[152] Hribar, P., Nichols, D. The use of unsigned earnings quality measures in tests of earnings management [J]. Journal of Accounting Research, 2007, 45 (5): 1017-1053.

[153] Jensen, M. Agency costs of free cash flow, corporate finance and takeovers [J]. American Economic Review, 1986, 76 (2): 323-329.

[154] Kevan, L. J., Jeff, L. P. The introduction of price competition in a municipal audit market [J]. Auditing: A Journal of Practice and Theory, 2005, 24 (2): 137-152.

[155] Kim, J. B., Chung, R., Firth, M. Auditor conservatism, asymmetric monitoring, and earnings management [J]. Contemporary Accounting Research, 2003, 20 (2): 323-359.

[156] Kothari, S. P., Leone, A. J., Wasley, C. E. Performance matched discretionary accrual measures [J]. Journal of Accounting and Economics, 2005, 39 (1): 163-197.

[157] Krishnan, J., Sami, H., Zhang, Y. Does the provision of nonaudit services affect investor perceptions of auditor independence [J]. Auditing: A Journal of Practice and Theory, 2005, 24 (2): 111-135.

[158] Liu J., Lin B. Government auditing and corruption control: Evidence from China's provincial panel data [J]. China Journal of Accounting Research, 2012, 5 (2): 163-186.

[159] Lu, T., Haresh, S. Auditor conservatism and investment efficiency [J]. The Accounting Review, 2009, 84 (6): 1933-1958.

[160] Morgan, S. L., Harding, D. J. Matching estimators of causal effects: Prospects and pitfalls in theory and practice [J]. Sociological Methods and Research, 2006, 35 (1): 3-60.

[161] Paul, A. C., Mary, S. D. The impact of competition on the quality of government audits [J]. Auditing: A Journal of Practice and Theory, 1993, 12 (1): 88-98.

[162] Richardson, S. Over-investment of free cash flow [J]. Review of Accounting Studies, 2006, 11 (2-3): 159-189.

[163] Rice, S. C., Weber, D. P. How effective is internal control reporting under SOX 404? determinants of the (non-) disclosure of existing material weaknesses [J]. Journal of Accounting Research, 2012, 50 (3): 811-843.

[164] Rosenbaum, P. R., Rubin, D. B. The central role of the propensity score in observational studies for causal effects [J]. Biometrika, 1983, 70 (1): 41-55.

[165] Schelker, M., Eichenberger, R. Auditors and fiscal policy: Empirical evidence on a little big institution [J]. Journal of Comparative Economics, 2010, 38 (4): 357-380.

[166] Smith, H. L. Matching with multiple controls to estimate treatment effects in observational studies [J]. Sociological Methodology, 1997, 27 (1): 325-353.

[167] Stein, J. C. Agency, information and corporate investment [J]. SSRN Electronic Journal, 2001, 1 (3): 111-165.

[168] Suzanne, L., Laurence, E. J., Randal, J. E., Stephen, P. D. Auditor specialization, perceived audit quality and audit fees in the local government audit market [J]. Journal of Accounting and Public Policy, 2007, 26 (6): 705-732.

[169] Watts, R. L. Conservatism in Accounting Part I: Explanations and implications [J]. Accounting Horizons, 2003, 17 (3): 207-221.

[170] Wurgler, J. Financial markets and the allocation of capital [J]. Journal of Financial Economics, 2000, 58 (1-2): 187-214.

[171] Yoshie, S., Christopher, S. M. The economic value of auditing and its effectiveness in public school operations [J]. Contemporary Accounting Research, 2010, 27 (2): 639-667.